SHODENSHA
SHINSHO

なぜ、町の不動産屋はつぶれないのか

牧野知弘

JN284136

祥伝社新書

はじめに

「不動産業」あるいは「不動産屋」と言われて、みなさんがまっさきに思い浮かべる印象にはどんなものがあるでしょうか。「なんだか胡散《うさん》臭い」「だまされるのではないか？」「地上げをやっている悪い人」……、世間一般ではいつの間《ま》にかこういった負《ふ》の印象がすっかり定着してしまっているのが、この業界です。

バブル絶頂期の状況を今でもよく覚えている方も多いことでしょう。土地を買い漁《あさ》り、巨額の利益を上げて、夜の銀座の街で毎日豪遊を繰《く》り返していた、あの不動産屋たちのイメージです。

こんなことから、不動産業とか不動産屋と呼ばれる業界や、そこで生計を営《いとな》んでいる人たちは、自分たちからは遠い存在の人たちとの思いを持っている方が多いのではないでしょうか。

しかし不動産というものは、私たちが生活をしていく上で「欠くことのできない存在」であるとも言えます。私たちが寝起きをし、働きに出て、買物をし、レジャーを楽しみ、宿泊する。このすべてに不動産が関《かか》わっています。住宅、オフィス、工場、商業施設、ホテル、リゾートといったすべての不動産が、私たちの生活を支えているとも言えるのです。不動産にまったく関わることなく、生きてゆける人は世間ではとても少ないのではないでしょうか。

日本は国土面積が小さいためなのか、日本人は世界の中でもとりわけ「不動産好き」の国民のような気がします。住宅の持ち家率は総務省の「平成20年住宅・土地統計調査」によれば約61％と先進国の中でも上位の水準にあります。毎年公表される地価公示に対して、新聞がほぼ毎回必ず1面で報じ、識者のコメントを並べます。雑誌は年に数回は「地価特集」を組んで、地価の上がり下がり（実はここ20年ほど日本全国の地価は２００７～２００８年を除いてほぼ「下がりっぱなし」の状況ですが）について詳細に報道し、「マンションを買って得する町、損する町」などという特集を大真面目にやっている国です。

私も仕事の上で、多くの方々と接していますが、「牧野さん、住み替えようと思うのだけど、どこを買ったら値上がりしますか？」といった質問をよく受けます。

本当は「不動産が大好き」なのに、不動産を持っている人たち、取り扱っている人たちは

「胡散臭く」「悪いことをやっている」という日本国民の意識のギャップは、どこからきているのでしょうか？

本書では、自覚している、していないは別として不動産が好きなのに「食わず嫌い」になっているみなさんに不動産の持つ本当の価値と、素人《しろうと》でも扱うことができる不動産の魅力をご紹介していきましょう。

平成二三年一月

牧野知弘

＊目　次＊

序章

ふたたび「危機」といわれる不動産業

またぞろ聞く「バブル崩壊」と「不動産会社の倒産」

日本における不動産価格の絶頂期は、１９９０年頃と言われています。その後は表にあるとおり、公示地価はほぼ一貫して下がり続けており、これを指数で表わすと94年を１００とすれば現在は東京、大阪、名古屋の三大都市においても住宅地で50～70、商業地で20～40の水準になっています。この間の消費者物価指数やＧＤＰの推移と重ね合わせても、16年間で価値がこれほどまでに下がってしまったものはあまりないと思われます。

しかしこのデータをよく観察すると、実は２００５年から２００８年にかけて、三大都市の地価は住宅地で４％から25％、商業地では33％から41％ほど上昇していることがわかります。これが当時マスコミで話題となった「ミニバブル」です。「不動産ファンド」とかＲＥＩＴ＝「リート」（不動産投資信託）といった単語が並び、外資系投資銀行や、テレビドラマでも話題となったハゲタカなどといった人たちが活躍した時代です。

この時期、世間ではまたぞろ不動産価格が上昇したことが「バブルの再燃」と伝えられ、早くこのバブルを退治しないと世の中は大変なことになる、格差がどんどん広がって社会不安が引き起こされると、声高《こわだか》に議論されました。

しかし今回のこの宴《うたげ》は、意外にあっさりと終焉《しゅうえん》を迎えました。２００８年９月に引き起

公示地価の推移（全国:94年＝100）

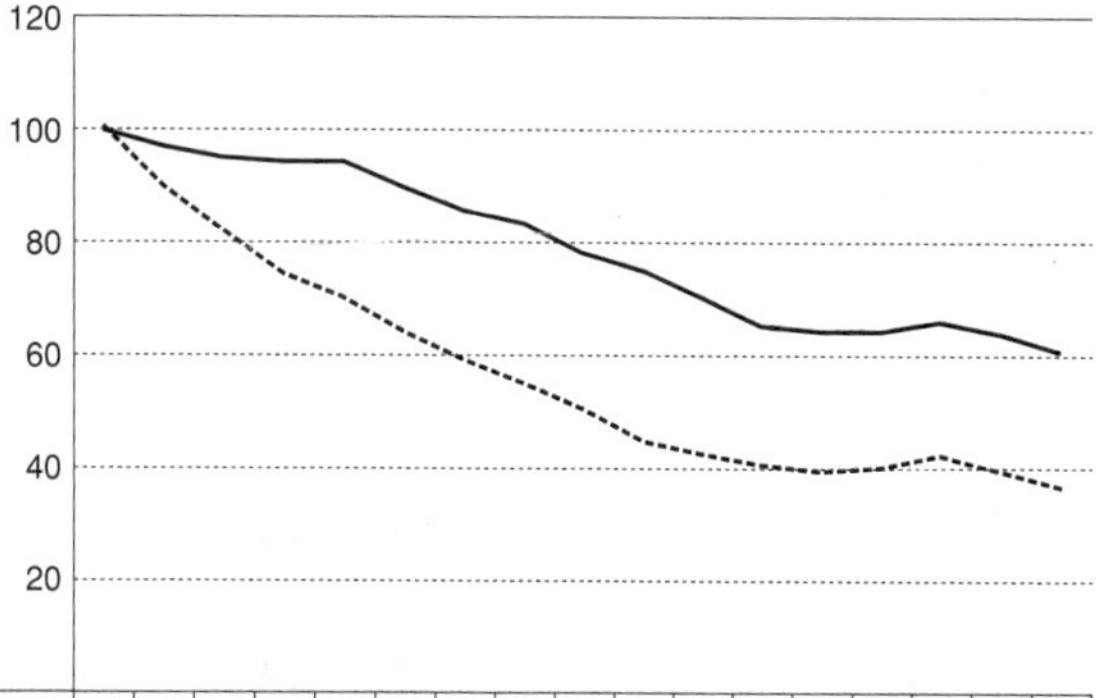

年	1994	1995	1996	1997	1998	1999	2000	2001	2002	2003	2004	2005	2006	2007	2008	2009	2010
住宅地 ―	100	98.4	95.8	94.3	93.0	89.5	85.8	82.2	77.9	73.4	69.2	66.0	64.2	64.3	65.1	63.1	60.4
商業地 ---	100	90.0	81.2	74.8	70.3	64.6	59.4	55.0	50.4	46.4	42.9	40.5	39.4	40.3	41.9	39.9	37.5

出典:国土交通省

公示地価（住宅地）の推移（3大都市:94年＝100）

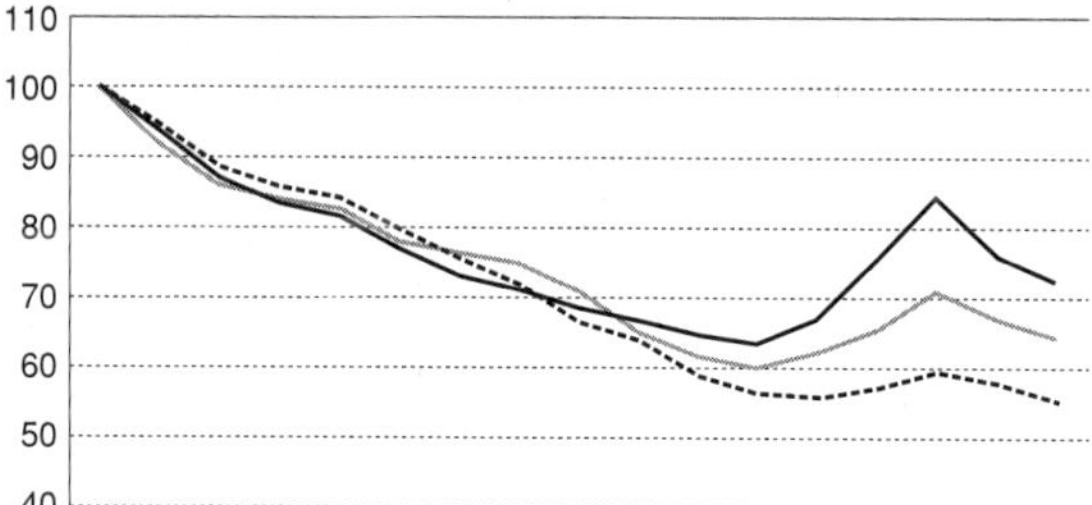

年	1994	1995	1996	1997	1998	1999	2000	2001	2002	2003	2004	2005	2006	2007	2008	2009	2010
東京都区部 ―	100	93.2	87.0	83.2	81.0	77.1	73.5	71.0	69.0	67.7	66.8	66.6	68.1	75.8	83.7	76.7	71.5
大阪市 ---	100	94.6	89.3	86.4	84.0	79.9	75.7	71.4	66.9	62.9	59.3	57.2	56.9	58.2	59.7	58.4	55.1
名古屋市 ―	100	92.2	86.7	83.9	82.9	78.9	76.9	75.2	70.7	65.6	62.0	60.7	61.6	65.6	70.6	67.7	65.0

出典:国土交通省

公示地価（商業地）の推移（3大都市：94年＝100）

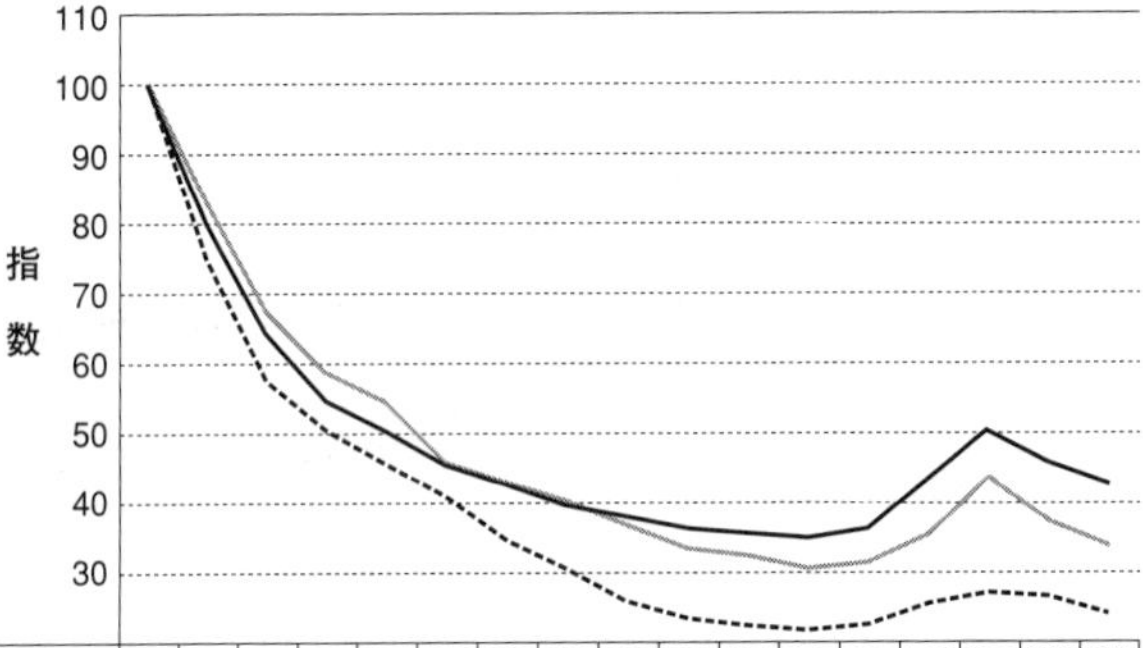

年	1994	1995	1996	1997	1998	1999	2000	2001	2002	2003	2004	2005	2006	2007	2008	2009	2010
東京都区部 ──	100	80.0	63.8	54.3	50.2	46.0	42.4	39.8	37.8	36.5	35.7	35.5	36.8	42.7	50.1	46.0	41.5
大阪市 ---	100	74.9	58.2	50.2	45.6	40.9	34.9	30.1	26.6	24.3	22.4	21.5	22.2	25.5	28.5	27.0	23.8
名古屋市 ──	100	82.5	67.8	59.5	54.7	46.5	42.5	40.3	36.9	33.8	31.9	30.9	31.4	36.4	42.2	38.3	34.6

出典：国土交通省

こされた「リーマンショック」という事件です。リーマンショックという表現があまりにも多用されてしまったために、世間では今回の不況はアメリカのリーマンという会社のせいで、世の中の景気が悪くなったと誤解している人が多いように思いますが、実際は米国内で引き起こされた資金の過剰流動性に端《たん》を発する、いわば政策的な事件とも言えるものでした。

当時の、政府関係者から財界人、一般市井《しせい》の人たちにとって、「たかが対岸の火事」と思われたこの事件の背景には、国境を越えて広がる世界金融危機の大津波が控えていました。すでに米国内では2006年頃からサブプライムローンの急拡大に警鐘を鳴らす動きはありましたし、2008年の夏には欧州の金融機関にその影響は広がっていたのですが、リーマンブラザーズの破綻《はたん》という象徴的な出来事がきっかけとなり、世界経済の羅針盤は大きく針を狂わされることとなったのでした。

これが日本国内でもよく言われる二度目の「バブル崩壊」です。この二度目のバブル崩壊（二度目なのは日本だけですが）で、日本でも2008年の後半から2009年にかけて、多くの不動産会社やゼネコンが窮地に陥《おちい》り、倒産する会社が続出しました。

原因の多くは多額の借入金を負《お》っていたこれらの会社に対して、金融機関がリファイナンス（期限が到来しての借り換え）に応じないことといわれました。実際に国内では公定歩合などの金利の引き上げも行なわれていないのに既存の融資の借り換え、いわゆるリファイナンスにおいても金融機関が提示する融資条件はウナギ上《のぼ》りとなりました。

こんな状況を背景として、新規の融資などビタ一文出なくなりました。それまで、と言っても2006年頃からの話ですが、簡単に新規融資が行なわれ、当然のようにリファイナンスを受けられてきたわけですから、多額の借入をしていた会社はひとたまりもありません。次々と窮地に陥っていきました。

こうした状況にはたして、こぞって「二度目のバブル崩壊」を謳《うた》い、「懲《こ》りない業界」「バブルに踊ったツケ」として、どちらかというと「ざまあみろ」という論調を展開したマスコミが多かったようです。

一見すると今回のバブル崩壊も、前回と同じように「バブルに踊ったツケ」と見えなくもないのですが、はたして歴史は繰り返されたのでしょうか？

つぶれてしまった不動産会社とは、どんなところか

２００８年から２０１０年にかけて、実に多くの不動産会社が倒産しています。左ページに掲《かか》げたのがその代表的な実例です。負債総額は大きなものでは１０００億円を超えるものまであり、中には上場企業も多く含まれています。倒産までには至っていないものの、資金繰り難から機能不全に陥ってしまった会社まで含めると、今回のバブル崩壊が残した爪痕《つめあと》の大きさにあらためて驚かされます。

ざっと目を通すと古くからある会社名はあまりなく、世間ではあまり馴染《なじ》みのない「カタカナ系」の名前がついた会社が多いことが特徴です。これらの多くはいわゆる「新興系不動産ファンド会社」といわれるもので、ここ数年で不動産ファンドなどを数多く立ち上げ、その運用収益で急速に成長していった会社が中心を占めています。

最初の「平成バブル崩壊」のときには、土地を買い占め転売して大きくなった「麻布自動

2008～2010年に倒産した主なゼネコン・不動産

年	月	社　名	上場先	事由	負債総額(億円)
2008	6	レイコフ	ヘラクレス	破産	290
		スルガコーポレーション	東証2部	民事再生	620
	7	真柄建設	東証1部	民事再生	348
		ゼファー	東証1部	民事再生	949
		キョーエイ産業	ジャスダック	民事再生	87
		三平建設	ジャスダック	民事再生	167
	8	アーバンコーポレイション	東証1部	民事再生	2558
		創建ホームズ	東証1部	民事再生	338
	9	Human21	ジャスダック	民事再生	464
		シーズクリエイト	東証1部	民事再生	114
		リプラス	マザーズ	破産	325
		ランドコム	東証2部	民事再生	309
	10	エルクリエイト	ジャスダック	破産	61
		新井組	東証1部	民事再生	427
		ニューシティレジデンス	J-REIT	民事再生	1123
		井上工業	東証2部	破産	116
		ノエル	東証2部	破産	414
		ダイナシティ	ジャスダック	民事再生	520
	11	ディックスクロキ	ジャスダック	民事再生	181
		モリモト	東証2部	民事再生	1615
	12	松本建工	ジャスダック	民事再生	135
		ダイア建設	東証2部	民事再生	300
2009	1	東新住建	ジャスダック	民事再生	437
		クリード	東証1部	会社更生	785
	2	日本綜合地所	東証1部	会社更生	1975
		ニチモ	東証2部	民事再生	540
		あおみ建設	東証1部	会社更生	396
	3	パシフィックホールディングス	東証1部	会社更生	3265
		エスグラントコーポレーション	セントレックス	民事再生	191
		アゼル	東証1部	破産	442
	4	中央コーポレーション	東証2部	民事再生	340
		ライフステージ	ヘラクレス	民事再生	113
	5	ジョイント・コーポレーション	東証1部	会社更生	1476
2010	5	コマーシャル・アールイー	ジャスダック	民事再生	150
		プロパスト	ジャスダック	民事再生	554

出典:帝国データバンク資料などから作成

車」「第一不動産」といった会社が代表的な「銘柄」でしたが、今回は「地上げ」という名称やイメージよりも、「ファンド」という色彩の強い会社が対象となったことも特徴です。

リーマンショックが不動産会社をつぶしたのか？

これらの新興系ファンド会社は、今回のバブル崩壊でなぜ窮地に陥ったのでしょうか。そもそも「対岸の火事」であったはずのリーマンショック、あるいはサブプライムローン問題といった事象が原因となって、日本国内の不動産会社が倒産するとはどういった現象なのでしょうか。これらの会社が米国でたくさんの資産を買い漁って所有していたという話も、とんと聞きません。マネーの大津波とどういった関係でこのような事態が引き起こされたのでしょうか。

リーマンショックやサブプライムローン問題が論じ始められたときも、リーマンブラザーズが日本国内の不動産会社に多額の債権を保有しているとは報じられませんでしたし、現実にその額はきわめて限定的で、日本の不動産マーケットをひっくり返すような金額ではありませんでした。また、サブプライムローンが対象とするような住宅ローン債権はそもそも日本国内には存在せず、日本の住宅ローンはきわめて健全な状況にあるとの認識から、当初はこれらの問題が日本に直接波及するとは、考えにくかったのです。

ところが現実には日本国内の不動産会社がいくつも苦境に陥り、２００８年には不動産を扱う会社としては「絶対につぶれない」とまで喧伝されていたＪ－ＲＥＩＴ（不動産投資信託）であるニューシティレジデンス投資法人までが、民事再生法適用を申請する事態に発展しました。

今回のバブル崩壊は、前回の平成バブル崩壊と何が違うのか？

それでは今回のバブル崩壊と前回の平成バブルの崩壊とは何が違うのでしょうか？

この答えとなるのが、世界マネーの動きです。現在世界中に、新しい投資先を求めて巨額のマネーが絶え間なく激流となって流れています。以前はこうした運用に投じられる資金というのは、一部をのぞいては一般的に国内で運用されていました。日本でいえば、たとえば郵貯の資金などがその典型です。これらのマネーは国内の株式、不動産といったごく限られた運用対象にしか投資は行なわれず、国境を越えていくマネーは限定的であり、また海外から日本に投じられる運用資金も大きなものではありませんでした。

しかし現在では、オイルマネー、資源マネーなどとネーミングされたさまざまな運用資金が、世界中で投資先を探して動き回っている状況です。いわば世界の金融市場は、その主要な部分はほとんどリンクしてしまった状態にあります。

これらのマネーが、まだ1回目の平成バブル崩壊から日がたたない1990年代末から2000年代初期に日本に入り込み、不良債権まみれだった日本の不動産マーケットに徐々に浸透していったのです。この経過を経て、日本の不動産マーケットは国内オンリーのマーケットではなく、世界経済の一部に組み込まれていったのです。

この当時から、外資系会社（ハゲタカと言われる人たちも含まれるのでしょう）が日本の不動産を「買い漁《あさ》って」ボロ儲けをしているといった表面的な事象を問題として取り上げる報道や論調が目立っていました。これをもう少し注意深く見ると、物件の所有という側面よりも、物件を買うためのお金、いわば「血液」の部分がどんどん「外国人化」していったことが、今回のバブルの特徴です。

生身は日本の不動産、その不動産を利用しているのも日本の会社なのに、体内を流れる血液はその多くが外国人の血になっていたとも言えるでしょう。もはや金融の世界に、国籍などというものは存在しない時代になっていたのです。

この状況の中で、対岸の火事のはずであった世界金融危機の大津波が日本に押し寄せ、これらの不動産会社をさらってしまったのは、マネーの世界では必然として起こる事態であったとも言えます。

これにひきかえ、前回のバブルの特徴はどうだったのでしょうか。このことについてはすでに多くの書物で論じ尽くされていることでしょうから、ここでは詳細には述べませんが、平成バブルはひとえに国内マネーのゆがみ（過剰流動性）がもたらした、いわば風土病のようなものでした。

大量に供給された通貨（この場合は「円」です）が、国内の株式、不動産に大量に供給され、不動産の側面で言えば、不動産会社に限らず一般の事業法人にまで「不動産買《こ》うたら儲かりまっせ」とばかりに大量に金融機関を通じて「企業」に流されたために引き起こされたバブルでした。

ここで注目していただきたいのが、金融機関から企業に流れたという部分です。間接金融によるマネー供給で、この資金を手に入れた企業が企業自らのリスク（担保に入れているから大丈夫と思ったのかもしれませんが）で不動産投資にのめり込んでいったという点です。

バブルが崩壊する過程や原因は、実は2つのバブルともまったく同じです。平成バブルは日本銀行の突然の金融引き締めにより、金融という「血液」が供給停止になったための突然死であり、今回のバブル崩壊は海外からの「輸入物」である「血液」の突然の供給停止による突然死であることです。

ことの本質が金融のストップである点では同じなのですが、生じた規模と対象になったエリアの広さが、日本国内だけの問題であった前回のバブル崩壊とはまったく異なるメガトン級のものだったのです。

しかも金融という道具はこの20年ほどの間に目覚ましい進歩（これを「進歩」と称するかについてはやや疑問なところもありますが）を遂《と》げて、複合化、複雑化してきています。先ほど触れた日本の平成バブルのときのような単純に不動産を担保にした事業法人融資などではなく、さまざまな金融技術を駆使して、本来のお金の価値の数百倍、数千倍にも膨《ふく》らませた道具として世界中に浸透していたがゆえに、その破裂による影響は世界経済全体を揺るがすものとなってしまいました。

ところが一方では、このような世界金融危機の影響は、日本においては相対的には軽微であったとも言われています。サブプライムローン債権の保有額においては日本の金融機関は世界の上位に位置するわけではありませんでしたし、前回のバブル崩壊時のように国内の代表的な金融機関が倒産するような事態には今回はなりませんでした。

しかし、日本の不動産、株式マーケットが大きな影響を受けたのは、日本の金融機関による、いわば自主的な資金供給パイプの絞り込みだったのです。

欧米の金融機関が厳しい状況に陥ったことはその保有する不良債権の額からも明らかでしたが、日本の金融機関が欧米の金融機関に「右へならえ」して資金供給を止めたことは不思議な現象でした。

もちろん、一部では野村證券によるリーマンブラザーズのアジア部門の買収や、三菱ＵＦＪフィナンシャルグループによるモルガンスタンレー証券会社への出資など、このチャンスに「攻勢」に転じる動きはありましたが、金融機関の多くは、国内マーケットにおいてはマーケットに対する極端な悲観から、国内向け資金を一斉に引き揚げ始めました。

このことが、資金の円滑な供給を受けていた不動産や株式のマーケットに恐怖を与え、あわてて「売り逃げ」しようとするプレーヤーの動きが加速することで、さらなる価格の下落を招きました。これを支えようとする、政府や金融機関の動きもないまま、マーケットは奈落の底へと落ち込んで行ったのです。

そうした意味で、今回のバブル崩壊は、金融という血液の供給停止という事象では前回のバブル崩壊と同じ構図でありながら、構成するメンバーやエリア、規模からして、また金融という血液自体のブランドの違いという状況などからも、前回とはまったく異なる様相となったのです。

バブル崩壊の主役となったファンドビジネスとは

先ほどここ3年ほどで多くの不動産会社が倒産した、その中にはカタカナ会社に代表される新興系不動産ファンド会社が多く、またその事業内容は地上げというよりもファンドのイメージが強いと申し上げました。これはなぜでしょうか。

このことについて触れる前に、不動産ファンドの仕組みを少しお話しします。私は以前三井不動産という大手の不動産会社でオフィスビル関係の仕事に従事したことがありました。

1998年5月、私が東京の新宿三井ビルの管理をやっていたときのこと。当時、新宿三井ビルは本格的なリニューアル工事の最中で、テナントさんの一時移転や工事の進行に神経を使う毎日でしたが、そんなある日、本社のビルディング営業部への突然の異動を命じられたのです。

異動先の「ビルディング営業部」はテナント誘致を主な業務とする部署。時期はずれの辞令に訝《いぶか》りながらも、バブル崩壊後の厳しい状況が続いている中、そのための戦力補強だろうくらいの気持ちで新しい上司に挨拶に行き、異動後の担当業務について尋ねました。

返ってきたのは、

「テナントの営業は俺がやる。おまえはオフィスビルを買ってくるんだ」

という意外な答えでした。

当時は三井不動産といえども、新規のビル投資はかれこれ5年も中止していた時期。呆気にとられながら、

「は、はい。でも予算は？」

と訊くと、この上司は涼しい顔で、

「そんなもん、あるわけないだろ！　それでも買うんだよ」

と言ってのけたものです。

当時不動産市況はどん底で、買い手がつかない優良物件が投げ売りのような状況にありました。不動産に投資しようとする側にとっては、またとない好機。しかし、日本の不動産会社はどこも投資のための予算を極端に絞り込んでおり、手が出せません。外資系の「ハゲタカ」がやってきて、日本のビルを買い漁るのを指をくわえて見ているしかなかったのです。

上司が「ビルを買え」というのは、投資センスから言えば大正解なのですが……。

翌日から私は、財布に一円の金もないくせに、不動産仲介業者に電話しては「中古のオフィスビルを買いたいのですが、いい物件ありませんか」と尋ねて回るという、気持ちの悪い業務に従事することとなりました。しかし、なにしろ5年も売買マーケットに参加していない三井不動産。いくら大手といえど、さすがに業者はまともにとりあってくれません。

「そんなこと言って、三井さん、どうせ本気で買うつもりないんでしょ」

こう言われてしまうと、こちらも本当にお金が出せるかどうかわからないので、曖昧《あいまい》な返事になってしまいます。

困り果てていたとき、ある事業法人が都心の本社ビルを売却するという情報を摑《つか》みました。めったに出ない優良物件です。外資系の会社と共同で取得してはどうかという話になりました。

そこまではいいのですが、いかんせん、やはり予算が出ません。買えるものなら買いたい。先々のことを考えれば、ぜひ買っておくべきビルです。でも、資金もないのにどうする？

そんなときに出会ったのが「不動産ファンド」というものでした。

まずビルを買うためのファンド（多くは特別目的会社などの単なるハコ＝名目的な会社）をこ

しらえ、そこにビルに投資したい投資家のお金を集めます。集めたお金を資金にしてビルを購入し、テナント料などから得られる運用益を投資家に配当する。三井不動産は外資系会社とともにこのファンドを運用し、運営報酬とビル管理料を享受する。いわば他人（投資家）の褌《ふんどし》で相撲を取る手法、これが不動産ファンドビジネスです。相手方の外資系会社は、このファンドの仕組みを使ってビルを買い入れようと提案してきました。

このころは、まだ日本ではファンドビジネスの黎明期。われわれにとっては、まったく未知の世界でしたが、相手の外資系会社や弁護士、会計士の先生方に一つ一つ教わりながら、どうにかこうにかファンドを立ち上げることができました。

自分に資金がなくても、投資家や金融機関のお金をファンドを通じてプールさせることで、大型のビルでもなんでも買って、運用することができる。ファンドビジネスというと、何か新奇で難しいことのように思われがちですが、私にとっては、会社の予算がないときの苦肉の策でした。そして、これが実は、ファンドというものの本質でもあったのです。

ファンドの限界と崩壊への道

その後、日本でも多くの会社が、ファンドビジネスに参入するようになりました。

ファンドの仕組み（運用）

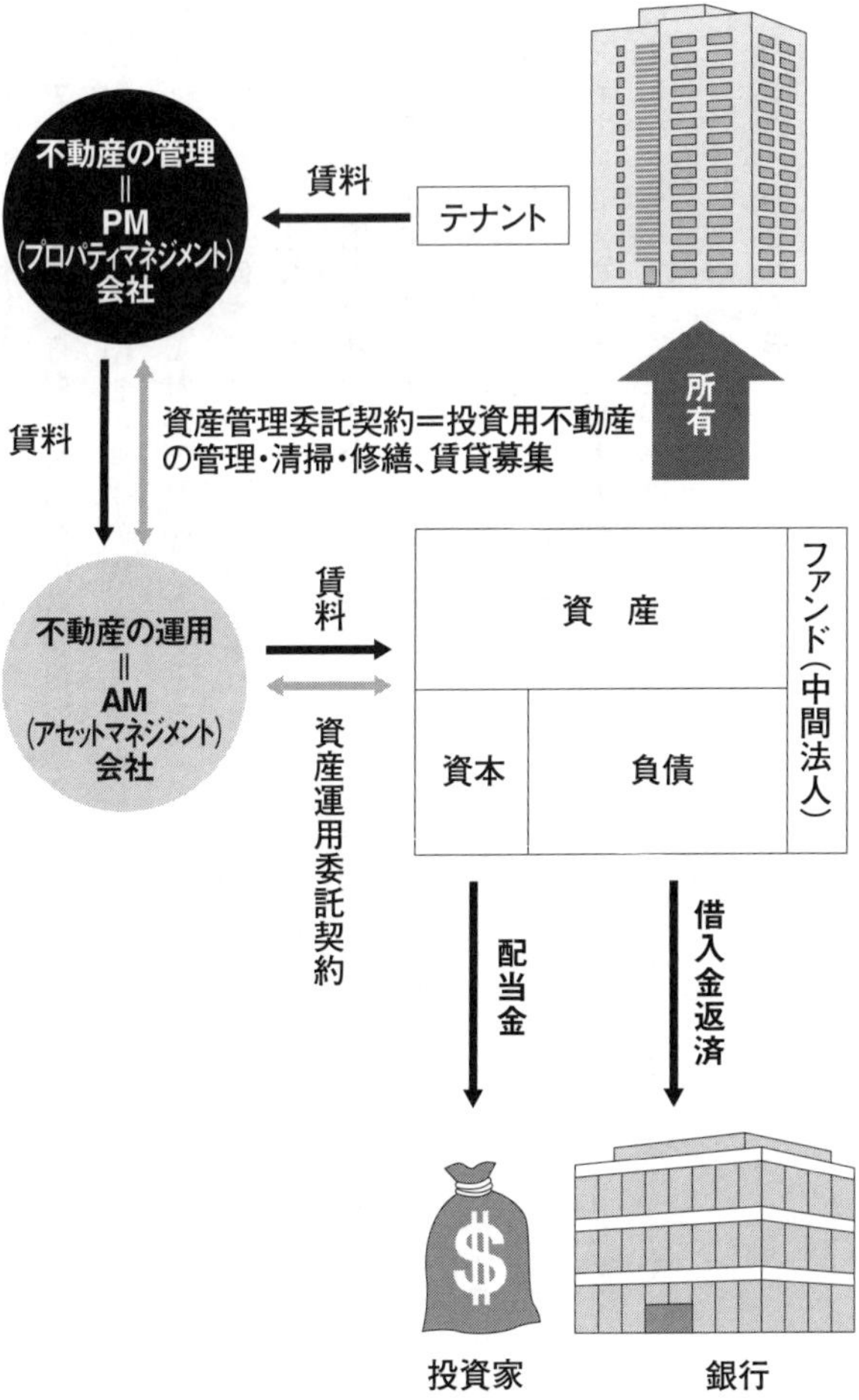

不動産の管理
＝
PM
（プロパティマネジメント）
会社
賃料
テナント
所有
賃料
資産管理委託契約＝投資用不動産の管理・清掃・修繕、賃貸募集
不動産の運用
＝
AM
（アセットマネジメント）
会社
賃料
資産運用委託契約
資　産
資本
負債
ファンド（中間法人）
配当金
借入金返済
投資家
銀行

ファンドの仕組み（所有関係）

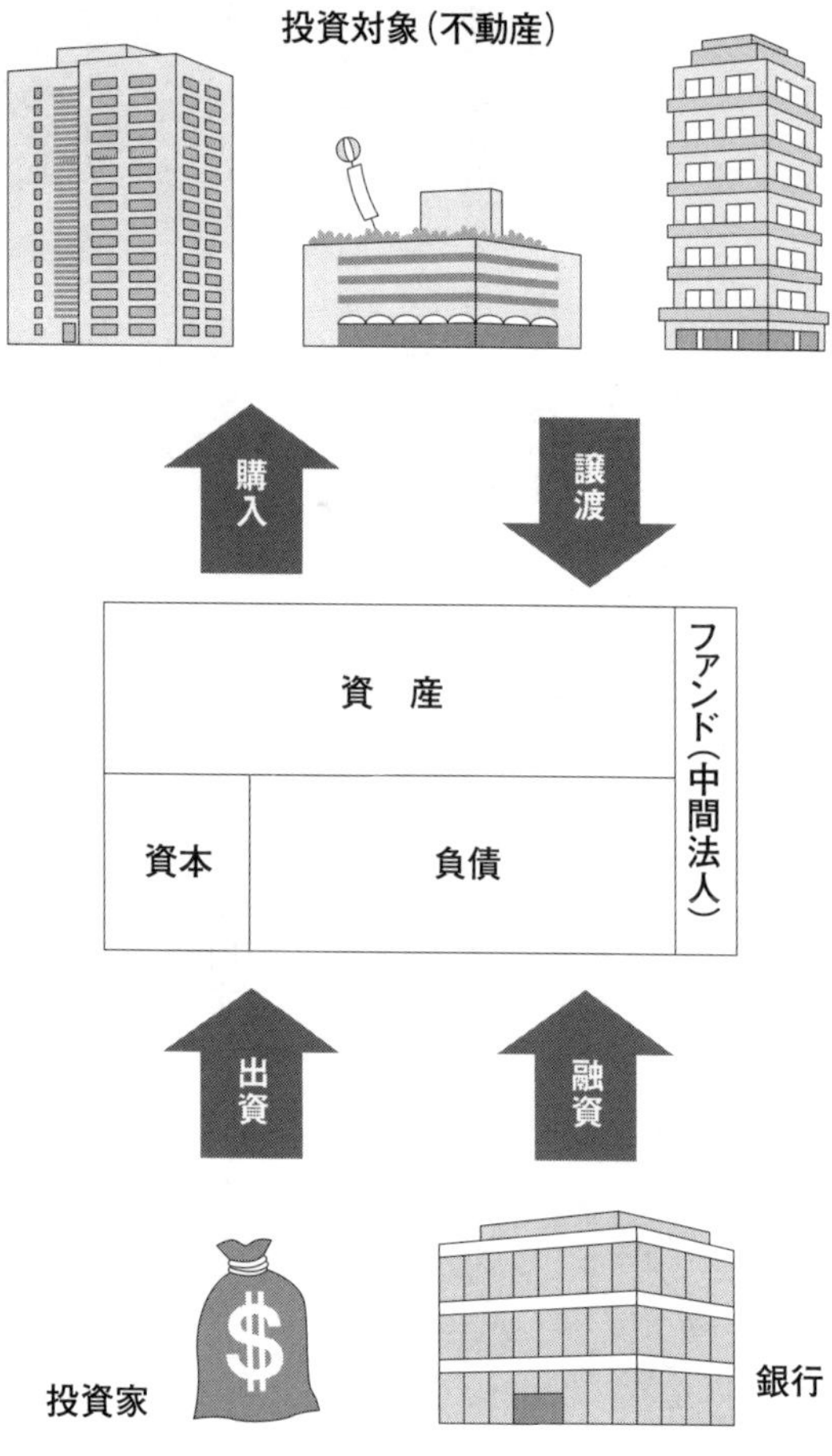

２００８年に金融商品取引法が制定されるまで、ファンドビジネスにはほとんど規制がなかったことも手伝って、軍資金なしでたやすく始められる新しいビジネスとして注目されました。特に外資系金融会社や投資会社が日本で幅をきかせるようになった２０００年以降、多くのファンドが設立されました。

ところが、今回のバブル崩壊では、これらのファンドを運用する会社の多くが倒産してしまいました。

他人の褌で相撲を取るのがファンドビジネス。本来なら、金融という血液が流れなくなって困るのは、実際に資金を投じているファンド本体のはず。ファンドにお金を提供した投資家や金融機関が損失を被《こうむ》ることはあっても、ファンドを運用して一定の運用報酬を受け取るだけの運用会社には影響がないはずの仕組みなのです。

では、なぜ運用会社はつぶれてしまったのでしょうか。

それは、ファンドの運用報酬だけでは飽き足らなくなった多くの運用会社が、自らも投資家となって、ファンドの株式を投資家といっしょに買うようになったからです。これは、運用会社が、いわばファンドの投資家と同じ舟に乗ってしまったようなもので、金融機関が融資を引き揚げ始めたとたんに、自身の資金が保てなくなってしまったのです。投資家が自ら預かった資金で投資を行なっているのとは異なり、そもそも豊富な資金を持たないファンド運用会社は、ファイナンスによって投資のための資金を調達しているケースが多かったので、財務に致命的な影響が及んでしまいました。

運用報酬だけで生きていれば、少なくとも今回のバブル崩壊からは距離が保てたはずですが、儲けたお金で、さらに効率のよい金儲けを、と欲張ったそのツケを払わされることになったのです。

会社として大きく成長したいとき、金融機関からの適切なファイナンスは会社にとって成長のための貴重な血液となります。けれども成長を急ぐあまり、いちどきに大量の血液の供給を受けると、その血液がいつの日か悪魔に変わり、体をむしばみ、死に至ってしまいます。

このことは、前回のバブルでも体力に見合わない借入金で投資を行ない続けた不動産会社、マンション分譲業者、ゼネコンなどにも当てはまるわけです。

三井、三菱はなぜつぶれないのか？

一方で大手といわれる三井不動産や三菱地所でも、先ほども触れたようにファンドビジネスを多数行なっています。でもなぜ彼らはつぶれたりしないのでしょうか？

また、今回の金融危機では新興系のマンション分譲会社は経営が厳しくなるところが続出しました。けれども大手不動産会社はやはり多くの分譲マンションを供給してきていますが、経営が厳しくなったというところをあまり耳にしません。

どの業界でも大手であれば、中小会社に比べて財務基盤も取引先もしっかりしており、環境の悪化にも対応できる会社が多いのかもしれませんが、最近では必ずしも大手だから安心というわけでもありません。

三井・三菱は収益の大きな基盤が昔からある資産から生まれる収益に支えられていることが、経営が大きく傾かない理由です。資産から生まれる収益とは、大家業からの家賃収入と言い換えてもよいでしょう。彼らは先祖代々築き上げてきた丸の内や日本橋のビルから毎月支払われる家賃収入で暮らせるのです。この収益の支えがあるためにファンドをやったり、分譲マンション事業で多少失敗をしたり、売れ残って在庫が増えてしまっても、経営自体はビクともしないのです。

こうした状況下でもつぶれないのは、大家業の不動産会社だけではありません。オフィスやマンションの管理を行なう不動産管理会社や、物件やテナントの仲介を行なう仲介会社でも、倒産したりする会社はあまりありません。彼らは常に安定的な収益基盤を持っています。つまり、ビル管理に伴う管理報酬はビルが存在しつづけるかぎり発生するものですし、物件の仲介は世の中の景気の影響で流通量には多少増減があるものの、流通そのものがなくなるものではないからです。

あなたの身近な町の不動産屋は、なぜ元気なのか？

ところでもう一つ、つぶれない不動産屋があります。

あなたの町の駅前や商店街の一角にお店を構えている「町の不動産屋」です。みなさんの中で、地元の不動産屋に足を踏み入れたことのある方は、意外に少ないのではないでしょうか。

典型的な町の不動産屋は、こんな感じです。駅前の商店街の中のそれほど目立った立地でもない場所にひっそりと佇《たたず》んでいます。通りに面したガラス面にはべたべたと不動産のチラシが貼ってあります。中は、お世辞にもかっこいいとは言えない受付に素っ気ない椅子が2つほど、向かいのテーブルにはちょっとダルな感じのおじさんがヒマそうに新聞を読んでいるか、マイペースを絵に描いたようなトロンとした女性事務員がさしてやる気もなくハンコ押しかなにかをやっている。

そしてあなたが、「あのお、ちょっとすみません」と声をかけたとします。「なんですかあ」と、ホテルのフロントや商店とは真逆《まぎやく》の愛想のない返事があり、同時に事務所の奥のおじさんが眼鏡越しにじろっとあなたの顔を窺《うかが》う。こんなイメージです。

ディズニーランドやマクドナルドでマニュアルどおりの応対言葉に慣れてしまった身からすると、町の不動産屋はなんとも溶け込みにくい存在です。

でもそんな彼らは実は、町の中にしっかり根づいて生きています。世の中の景気が悪い、不動産はダラ下がりだとか言っても、こんな顧客サービスの基本すらできていないかのように見える町の不動産屋でも、実はつぶれる会社はほとんどありません。実際にみなさんの住む町の不動産屋は、その多くが昔から、まるでその町の盛衰をずっと見続けているお地蔵さんのように、同じ場所に存在しつづけていることに気がつくはずです。

三井・三菱がつぶれないのは先ほど説明したとおり立派な理由がありますが、このような町の不動産屋がちゃんと生きているのはなぜでしょうか。

実は彼らこそが不動産の本質をしっかりと理解しているのです。彼らはよくドラマや小説に登場するような不動産屋のイメージとはかけ離れた存在であり、町の中にひっそりありながら、ちゃんと自分たち自身の役割を把握し、どんな時代にも負けない業態を築き上げています。

その秘密については後の章に譲るとして、つぶれていない不動産会社あるいは不動産屋と呼ばれている人たちというのは、意外と地味で堅実なキャラクターであることに気づかされます。町には不動産屋だけでなく、古くからある地元のビルオーナーやマンションオーナーと呼ばれる人たちもいますが、こういった人たちもまず破産したりしていません。

バブル崩壊＝不動産会社の倒産は、実は一部の話であって、同じ不動産業の中にもこのようにしっかりと生きている人たちが存在しているのです。だから、感覚的に「不動産は怖い、手を出さないほうがよい」と考えてしまわずに、不動産の持つ本当の価値を理解し、その果実を味わうことは、本書を読まれているあなたにもできることなのです。

このように申し上げますと、「不動産は多額の資金が必要だから自分になんかできるわけがない」といった言葉がよく返ってきますが、最近では多額のお金を持たなくとも少額で気楽に不動産に対して投資できる手段まで整備されています。

本書では不動産の持つ魅力を整理し、不透明で不確実と言われている現代でもしたたかに生き抜く手段としての不動産について考えていくことにしましょう。

第1章

不動産で儲ける2つの道

なぜ、日本人は「土地」が好きなのか？

日本人はとても不動産が好きな国民だと思います。私がおつきあいしている外国人を観察すると、中国人や韓国人の方々も不動産好きかもしれません。アジアの中でもとりわけ東アジアの人たちは不動産好きが多いのかもしれません。この章では不動産を扱うことによってどんなメリットがあるのかを考えてみましょう。

不動産について巷《ちまた》でよく言われるのが、「不動産は値上がりする」ということです。毎日買う大根の値段が上がるのは嫌でも、自分が所有し、住んでいる土地やマンションが値上がりすると多くの人たちは喜ぶようです。

毎年、公示地価が発表になると自分の住んでいる町の公示ポイントを指差して前年に比べて上がっているかチェックする。多くの自宅保有の方々がそんなことをしていないでしょうか。そして価格が上がっていると安心したり、喜んだりする。

でも、なぜ喜ぶのでしょうか。私には不思議です。

これから住宅を買おうとすることにします。私のところにもよくくる相談ですが「これから地価が上がるところ」を多くの方が選択しようとされます。

なぜ地価が上がりそうなところを選択するのでしょうか。これも私には不思議です。私が不思議に思うのは自宅が値上がりして何が嬉しいのかな、という点です。

たとえば株式を買ったとします。株価は上場株式であれば毎日その取引価格がチェック可能ですし、実際にその価格の変動を捉《とら》えて、売買することで儲けることができます。最近ではインターネットで売買が普通にできますので、自宅でコーヒーでも飲みながらパソコンで取引できるので収益を得る機会は豊富ですし、運用期間も短期や中長期に分けて、利益をどのように享受するか、楽しむことができます。

それに比べて自宅はどうでしょうか。まず、毎日売買なんてできません。取引所があって毎日場《ば》が張られているわけでもありません。つまり、短期的に自宅の売買を行なって儲けることなんて、よほど身軽で自由な人でなければできないと思われます。

事業を興《おこ》されている方でしたら、自宅を担保として銀行に差し入れされている方も多いので値上がりすれば「担保価値」が上がる。これなら理解できます。ところが、個人の方で自宅を所有するということになると、その住んでいる土地の値段が上がるということは毎年課税される固定資産税、都市計画税が増えることしか意味していません。固定資産税評価は３年おきに改定されますので、その評価替えの年までに地価が大幅に上がっていたりすれば、税金の負担が増し、けっして愉快なことではないはずです。

それでも将来的に自宅が建つ土地やマンションが値上がりすれば、今住んでいる家を売却して新しい家を購入するときに助かるという意見があります。しかし、実際には自宅が値上がりした段階で即座に住み替えるのは、なかなかタイミングがとりにくいものです。お子さんが学校に進学などすると、住み替える先にも制約が出ますし、そのときには旦那さんの会社がリストラで給料も減っているかもしれない、奥様のほうも長く住むと地域のコミュニティができてなかなかその土地を離れにくくなる。その日その時を待っていても、そうそううまく売却できるものではありません。

それでも日本人は土地が好きです。土地がこれほどまでに神格化し、土地にまつわるさまざまなエピソードがまことしやかに語られるのも、日本人の土地に対する思い入れや感情を表わしていると思います。

土地はスピリチュアルな存在

日本人は基本的に農耕民族であることから、土地に対する畏怖《いふ》の念があるようです。また、キリスト教などと違って、山の神、海の神といった多神教の傾向があるからなのでしょうか、土地にまつわる言い伝えは太古の昔から山のようにあります。

私も不動産業界に身を置いてみて実感したのは、科学がこれだけ発達した現代にあっても不動産を扱う場合、土地にまつわるスピリチュアルなエピソードには枚挙にいとまがないということです。

有名な事例は、東京では将門《まさかど》の首塚でしょう。この将門の首にまつわる話は東京中いたるところに存するようです。東京・大手町の三井物産本社横では神社に祀《まつ》られ、将門の霊をなぐさめていますが、大手町のみならず、日本橋などいくつもの町に将門の首が転がったとされる場所があり、その近辺で開発を行なうときには今でも入念なお祓《はら》いが行なわれます。

将門に限らず、不動産業をやっていると、開発しても、あるいは新規に建物を建てて運用しても、どういうわけか絶対にうまくいかないと言われる土地があります。

私が知っている中でも、見通しもよく、また駅からも視認性が良く、お店を出せばかなり流行《はや》るのではないかと思われる場所でも、出店するテナントがほぼ必ず3年以内には撤退してしまうという土地があります。

またある会社にお伺いしたとき、その会社の入居しているオフィスビルが建築される前の建物で火災があり、多くの方が亡くなったそうなのですが、大学でもスポーツマンで鳴らした屈強な大男の社長さんが真顔で私に、「牧野さん、ここのビルね、ユーレイが出るんだよ。

ほんとだよ。この前もいたんだよ」と話す顔は、冗談には見えませんでした。

このように科学万能の現代にあっても説明がつきにくい事象というのがたくさんあるというのが土地です。したがって日本人が昔から土地の霊を信じ、これを敬い、大切にすることには意味があるのだと思います。そのことが土地を所有することに対してのプライドとなり、自分の所有する土地の持つ価値に大きな関心を寄せることにつながるのだと思われます。

ただ、残念ながら土地の持つ価値というものが、金銭的な価値＝貨幣価値という物差しでしか測《はか》れない、あるいは人々が測ろうとしないために、現代では地価という側面だけで土地の価値を定めてしまう傾向があるようです。

そのために自宅となった場合でも、毎年の上がり下がりに一喜一憂したり、自分の買う土地は値上がりしなければいけないと考えてしまうのかもしれません。

土地は、なくなることのない資産

会社やお店などで少しでも帳簿を付けた経験のある方でしたらおわかりになると思いますが、会社で所有する不動産、それはビルであったり、お店だったり、あるいは工場だったりするのですが、これらの資産は会計で言うところの貸借対照表の資産の部（対照表の左側部分）に記載されます。

その際、たいていの場合には不動産は土地、建物に分けて記載されます。ここに記載される建物の部分の数字は毎年減価償却されていきますから、新しい建物などに追加投資しないかぎり、数字は年々減っていきます。建物は毎年少しずつ劣化していき、最後にはなくなってしまう、との考え方に基づきます。

参考までに申し上げますと、建物の場合、超高層ビルなどの鉄骨造の建物で38年、通常のオフィスビルは鉄骨鉄筋コンクリート造の場合で50年というのが、会計上での見方です。

この考え方に基づくと、新宿にある新宿三井ビルや住友三角ビルなどは38年の価値。これらのビルはすでに築年でまもなく40年になるわけですから、もはや会計上では建物の価値はゼロということになります。

また建物内に存する設備、たとえばエレベーターや空調設備、ボイラーなどはそれぞれ5～15年程度で毎年償却されていきます。

ところが土地については、ずっと同じ金額になっているはずです。最近でこそ会計上でも「時価会計」という概念が導入されつつあるために、土地を毎年の時価に引きなおす場合も出てきていますが、少なくとも会社が固定資産として中長期にわたって保有する土地の場合は、簿価での数字をそのまま毎年計上しています。

土地は、会計上でも永遠なのです。私は、土地の持っている最大の価値はこの「永遠」だと思っています。古今東西の人類の歴史の中で「永遠」という価値を享受できる、そしてその価値を実現できる（それは貨幣価値に置き換えられてはいますが）、そんな資産というものは実は少ないのです。

その昔、中国では不老長寿の薬の開発に地道な努力をしたといいます。どんなに栄えた王朝でも、また世界中に影響力を与えた王様や将軍でも、彼らの命は有限です。人間もまた歳をとって償却されていく運命だともいえましょう。

だからこそ彼ら権力者は、この永遠の価値を持つ不動産を征服しようとしたのです。「変わらない」「劣化しない」という意味では、金やダイヤモンドもそうです。ただ、これらの宝石は残念ながらなくなったりとられたりするのです。その点、土地は目の前から逃げていくことはありません。

今こうして大地に立っている私たちの土地もその昔、誰かが保有し、この土地の持つ価値を享受していたのです。どんなに才能があっても、多少長生きしても、この土地の所有者はこの世から滅び、また新しい世代へと引き継がれていく。それが土地の持っている価値、魅力であろうと思います。

不動産は、大きな収益を生み出す代表的な資産

「なくならない」資産である土地というものは、私たちにどんな価値をもたらしてくれるのでしょうか。

まずはこのなくならない土地の上に、減価する建物や有限であるサービスをプラスすれば、土地はたちまちあなたに利益を生み出してくれるものとなります。

建物を建てるのが面倒だったり、お金がないのでしたら、そのまま人に貸しても貸地として地代を取ることができます。あるいは整地だけすれば駐車場として活用することもできます。

土地の存する場所が神社の近くだったり、人混みのあるところならば屋台や露店商を呼んできて使用料を取ってもよいかもしれません。

あなたの所有する土地の先には駅があって、あなたの土地を通過したほうが駅に近くなる人が大勢いるのならば、道を敷いて通行料をとってもよいかもしれません。

別にお金はいらないという人もいるでしょう。それならその土地の上に自分でテントを張って寝ることだってできます。

このように、何にでも活用できてしまうところが、土地の持つ強みであり魅力なのです。

ダイヤモンドや金のようにそれ自体で相応の価値を持つものは世の中に存在しますが、これだけ多くの活用方法があり、かつそこから多様で多額の収益を生み出すことができるのは土地だけなのです。

土地はなぜ、最高のヘッジ商品なのか?

土地はよく、長期的には最高のリスクヘッジ商品だと言われますが、本当でしょうか。最近20年間にわたって地価はずいぶん安くなりました。一時期を除けばほとんど価格「ダラ下がり」の土地にヘッジ機能などあるのでしょうか。数字に強い人、あるいは金融機関にお勤めの人などに、この説を疑う人が多いように思われます。

しかし、私は土地というものは、長期間で見れば、やはり最高のヘッジ商品であると思っています。最近のような地価が下がる局面においても、知恵と工夫次第で土地の持つヘッジ機能をさらに高めることも十分に可能なのです。

たとえば少々「あばた」のある土地を掴んでしまっても、知恵と工夫で上手な利用法を考え出し、人の集まる土地に変えることで、土地はいくらでもその潜在力を発揮できます。

私が三井不動産でビルの買収や開発をやっていたときのこと、東京の渋谷で２カ所の土地を持つ売主が同時に売りに出したことがありました。

一つは交差点に面した超一等地、もう一つは同じ渋谷とはいえ、人通りの多い場所からは少しはずれたぱっとしない土地でした。芸能界でいえば、売れっ子のアイドルと野暮ったい田舎娘のようなものです。

この2つの土地を、社内の別々の部署でそれぞれ追いかけることになりました。アイドルは人通りの多い超一等地ですので商業施設チームが担当、オフィスビルチームの私たちがぱっとしない田舎娘の担当となりました。

さて、結果ですが、アイドルはものすごい人気で、熾烈な入札になりました。十数社による争奪戦の結果、落札価格は、当時としてはちょっと信じられないほどの高額となり、某消費者金融会社が落札しました。

一方、田舎娘のほうは、同じ売主であるのにもかかわらず、まったく話題にのぼることもなく、ほとんど無競争で私たちのチームが落札できました。どうしてもアイドルを手に入れたい消費者金融会社はお金の力で強引にアイドルを奪っていきましたが、田舎娘は誰にも声をかけられることなく、すんなり私たちのものになったのでした。

土地は磨けば光るもの

私たちのチームから見ても、アイドルはもちろん魅力的ではあったのですが、なにせ人気殺到でとても買えそうにない。無理に買おうとすると、社内にも株主にもとうてい説明ができないような金額になってしまいます。アイドルには、どの時代でも常にその娘《こ》のためなら金を惜しまない、熱狂的なファンがいるものです。

たとえ田舎娘でもきれいな服を着せて、歌やダンスのレッスンをさせれば光り輝くはず、ということで、私たちは、一生懸命土地の価値を引き出すための方策を考えました。

実は事前の調査で、単体で開発しても、容積率（土地の面積に対して建てられる建物面積の割合）や高さの制限などであまり良い建物が建たないことはわかっていたのですが、隣りの土地を別に買って一緒に開発すると敷地が広がり、その結果、容積率の割り増しの適用を受けられ、土地の持つ能力が格段に上がることが判明していました。

私たちはライバルに気づかれないように、極秘に隣地のオーナーさんに購入話をもちかけ、幸運にも両方の土地を同時に取得することに成功し、無事開発にこぎつけたのです。

このように土地は知恵と工夫次第でいくらでも価値を化けさせられますし、ちょっとしたアイデアで価値を飛躍的に上げることも可能なのです。

これをたとえば、同じリスクヘッジ商品としてよくあげられる金《きん》と比べるとどうでしょうか。

金《きん》の活用に基本的に「うまい」も「へた」もありません。金《きん》を「買った」時期がすべてであり、あとは相場をじっと眺めるだけです。

たまたま世界情勢の緊迫化で金《きん》価格が上昇するなどといった、いわば「他人任せ」での相場の上下動に翻弄《ほんろう》されます。

土地については、仮に公示地価が下がったところで、自分の土地が直接に影響を被《こうむ》るわけではなく、それぞれの土地の持つ潜在力を十分に引き出した活用を行なうことで、自分なりの成果を上げられるという楽しみが存在します。

私のところに相談に見えるお客様の事例でも、昔、ホテルがやりたくて建ててしまったのだが、周《まわ》りに大手チェーンホテルが進出して運営成績がすっかり下がってしまい、どうしてよいのかわからなくなってしまったという方がありました。

私から見るに、どう考えてもホテルをやめて賃貸マンションにしたほうがよいケースでしたので、そのようにアドバイスさせていただきました。

金《きん》はどこまでいっても「金《きん》」ですが、土地は「顔」をチェンジすることが可能なのです。

不動産がもたらす収益には、2つの側面がある

これまで見てきたように土地はなくならない資産として私たちに大きな価値を提供してくれるものですが、不動産のもたらす価値には2つの側面があることを次にお話ししましょう。

①「含み」を生み出すものとしての資産

土地の持つ大きな魅力の一つとして、土地そのものの持つ価値があります。先ほどの例で挙げたように、金やダイヤモンドはそのもの自体に価値を有しているわけで、土地にも土地そのものが持つ価値というものがあります。

ただ、ダイヤモンドを持っているだけでご飯が食べられるわけではないのと同じで、土地も貨幣などの価値に置き換えることで、はじめてその価値を実感できるのです。したがって

土地でもダイヤモンドでも、そのものを貨幣などの価値に置き換えるために値段がつけられているのです。

世の中の多くの方々が誤解しやすいのは、実はこの部分です。不動産が値上がりする、あるいは値下がりするといった表現がよく使われますが、土地の上に存在している建物をごっちゃに考えて議論しているケースが多いように思われます。先ほどもお話ししましたように建物は年々減価していきます。したがって土地建物一体となった不動産そのものの価格、たとえばビル１棟、マンション１棟などの価格は、本来は土地が値上がりしないと全体の価格は上がってなどいかないのです。

最近では欧米流の考え方として収益還元法が広く採用されるようになり、建物から上がる収益（運用収益）から不動産の価値を測る手法が多く見られるようになりました。もちろんこの考え方は合理的であり、私もオフィスビルの価格を算出する際などにはよく用いていますが、もう少し長い目線、たとえば5年、10年といったスパンで不動産の持つ価値を考えようとすると、この手法はとたんに怪《あや》しくなります。

運用で得られる収益は年々変動していきます。特に最近では昔のように一方的に右肩上がりで上昇することは期待しにくくなっています。一方で建物の価値はどんどん落ちていく。

こうした中で、不動産全体の価値を高く保っていくには、建物が劣化しないようにお金を十分かけて修繕するなどして維持していかなければならないのです。これが長い年月になると、変数の要素が大きくなりすぎてこの手法では怪しくなってしまうのです。

欧米人がよく使う割引率なども、でたらめです。現在の100万円と5年後の100万円では金銭としての効用＝価値が異なることから、調整するために割引率という考え方があるのですが、ものの価値を一方的に割合で、しかも長い時間軸に適用するには誤差が大きすぎるような気がします。

この手法は世界経済全体が一方的に右肩上がりで成長する「穏《おだ》やかなインフレ」状態を前提として組み立てられた方程式なので、最近のような世界経済全体の成長が止まってしまったり、成長している地域が斑《まだら》模様になっているような時代には、この物差しでの考え方は通用しにくくなっています。

したがって土地自体の持つ価値を「どのように享受するか」が重要になってくるのです。この土地の持つ価値としては、今お話しした時間軸からの側面で考えるのがわかりやすいでしょう。

ひとくちに土地の持つ価値と言っても、いつまでにその価値を享受したいかによって考え方は異なってきます。私は本来、土地の価値というものは中長期にわたる時間軸で判断し、期待するものだと考えます。

価値の「増加」は、「夢見る側面」と言い換えることもできましょうか。たしかに地価という物差しだけで見れば、土地の値段は日本国内ではここ20年間でＧＤＰデフレーター率以上にはるかに下がってしまったことは事実です。

でもそれは貨幣価値に直しただけのことで、実際に土地はなくなったわけでもありませんし、例外はありますが使用価値が著《いちじる》しく下がった物件も少ないはずです。

会社の株式などでは、そうはいきません。今までにどれだけの会社が倒産し、その株券が紙くずになったことでしょうか。倒産した会社の株券の価値はゼロであるばかりか、もはや会社自体はこの世に存在していないわけです。

土地の良い点というのは、他人やマーケットがどう言おうが、自分さえよければ自分なりの価値が享受できるということです。つまり中長期に持つ場合には毎年の公示価格などの「値付け」に一喜一憂するのではなく、土地そのものの持つ効用をしっかりと享受していれば幸せ、と考えるべきなのです。

平成初期の頃に多額の住宅ローンなどで住宅を買った人たちが、「こんな物件を買ってしまって大損した」などと愚痴る光景にしばしば遭遇しますが、その人に「でも住んでいてどうですか？　ご家族は満足されていますか」などと尋ねると意外にも、子供はその町ですくすくと育っています、妻もお友達がたくさんできて満足しています、町もどんどん便利になっています、という返事が返ってくることが多いものです。

私は、その人たちは十分に土地の持つ効用を享受されていらっしゃるな、と思うことにしています。ローンが払えないのならば深刻ですが、払えているかぎり、平成初期という時代からその素晴らしい町に住み、土地の持つ価値を堪能してきたのは、むしろ羨《うらや》ましいとも言えるのではないでしょうか。初老になった今、土地が安くなったからといって同じ物件を購入して、その人は本当にその土地から受けられる効用を100％享受できると言えるでしょうか。土地の持つ価値を引き出すには、タイミングも大事だと思うのです。

土地の持つ「含み」を生み出すものとしての価値の取り方には、もう一つの側面がありま す。「ギャンブル」「投機」の側面です。これが世の中一般の多くの人たちが抱く不動産に対するイメージでしょう。

記憶に新しいところでは、昭和の末期から平成の初期にかけて日本国内は異様な熱狂に包まれていました。「土地ころがし」が全盛で、土地はとにかく値上がりするので、度胸と根性で銀行から金を借りて、どんなに高くても不動産であるかぎり「買って、買って、買いまくれ！」の世の中でした。この時代は声が大きくて手の皮の厚い人（相手を圧倒して、誰とでも握手できるという意味）が「勝ち組」と言われた奇妙な時代でした。

この時代に活躍した人たちは、その後どうなったのでしょうか。私は二種類の人たちを知っています。「買って、買って」の人たちは今、行方のわからなくなった人たちばかりです。ほんの一部ですが「買って、売って、もう一度買って、でも最後は売ってしまった」という人たちは大金持ちになっています。

多くの方々がお気づきになると思います。この世界はまさしくギャンブルの世界なのです。株式の売買と同様で、周期的にチャンスを摑《つか》んでいくものです。先ほども触れましたように、株式であれば簡単に売買ができるので激しく動くマーケットの中でギャンブルを完遂させることは比較的たやすいのかもしれませんが、売買しにくい不動産の世界でこれをやるなら、それこそ「度胸と根性」の世界です。うまくいったら億万長者。ただ、失敗するとその痛手《いたで》は大きく、人生というボードから転がり落ちてしまう人が数多く出現します。

平成バブルの頃はしばらくの間、土地は値上がりを続け、それも激しく上がりましたので、億万長者がたくさん出現しました。そしてほんの一部の人を除いて全員が退場しました。今回のバブルも結果は同じです。ただ前回よりも値上がりの幅や時間がはるかに短かったために、転落する人たちはあっという間《ま》でしたが、逆に波に乗り遅れた人たちは痛手が小さくてすんだともいえました。

今の中国が、まさにこの熱狂の中にいます。中国の今後の不動産市況がどうなるのかしばしば話題になり、私自身もよく尋ねられるのですが、私はこのように答えています。

「いずれ崩壊します。絶対にね。でもひょっとすると我々が生きている時代には本格的な崩壊を見ることができないかもしれませんね」

中国の経済規模のポテンシャルは日本の比ではありませんので、なんでも日本の事例をそのまま当てはめることはできません。ただ、私が申し上げたいのは、ギャンブルにはいつか終わりが来るということ、そして人は古今東西みなギャンブルが大好きであるということです。

前述のとおり、現代は世界マネーがうなりをあげて世界中を彷徨しています。中国の経済が目覚ましい伸びを続け、成長の記録を伸ばすのならば、世界マネーは多少の上下動を繰り返しながらどんどん中国に流れ込むことでしょう。しかし、しょせんはギャンブルの世界です。間違っても今、日本に投資にやってきている大勢の中国人のように、日本人も中国に行って土地を買い漁ったりしないことです。一部の自信と勇気のある一握りのギャンブラーだけができることなのです。

それでも私は、土地にギャンブル的な夢を抱くことを否定はしません。ギャンブルのルールに則《のっと》って行なわれるかぎり、カジノが一部の国々で合法であるのと同様に、ギャンブルに参加することの効用を否定するものではありません。

ところで土地価格が毎年下がり続ける日本国内において、土地でギャンブルを行ない、勝つことなんて可能なのでしょうか。私は、今後も十分にギャンブルで勝者になることは可能だと思います。

先ほども申し上げたとおり、世界マネーはその投資先を求めて世界中をネットという超高速の乗り物に乗って駆け回っています。このマネーが中東のオイルに行ったり、レアメタルのような貴金属、穀物、中国の不動産に行ったり、あるいはスペインなどの欧州諸国にも群がり不動産価格が急騰したことは記憶に新しいことと思います。

いわばこの世界マネーという存在は、「イナゴの群れ」のようなものかもしれません。ただ、イナゴと違ってなかなか消滅するということはありません。したがって「儲け」が少なくなると、次なる儲かりそうな対象に向かって飛び去っていくわけです。

２００５～２００８年にかけて日本で生じたミニバブルも、まさにイナゴの群れ（＝世界マネー）の一部が舞い込んできた典型的な事例でした。平成バブル崩壊後に大きく下落した日本の不動産は、その担保としての価値を大幅にダウンさせ、これらの不動産に融資していた金融機関は多額の不良債権を抱えて瀕死の状態にありました。これに目を付けたのが、ハゲタカ外資と言われる、あのテレビドラマに出てくる人たちです。

彼らはその不良債権を債権ごと日本の金融機関から「安値」で買い取り、担保不動産の価値を向上させて、これを売却して売り逃げたのです。これを人は「安値」で外資系＝ハゲタカが「買い漁った」と表現していますが、これはずいぶんな言いようだと思います。安いと思ったのなら当時の日本人も買えばよかっただけです。同じ金額でさえ「恐くて買えなかった」くせに、外資系が買ってうまくいったあとでこのような表現を使うことはまさに「負け犬の遠吠え」です。

彼らがこの商売で成功したのは、日本におけるこの不動産価格の行き過ぎた下落を読んで、「場を張った」結果、そのギャンブルに勝ったからです。イナゴ＝世界マネーという投機資金が日本という畑、けっこう実りのある麦畑であったところに一斉に襲いかかって、利益＝果実を享受していなくなったのです。

１９９７年、お隣りの韓国でやはり金融危機が発生し、金融がＩＭＦ管理下になったとき活躍したのもこのイナゴ＝世界マネーでした。韓国の首都、ソウル市内でもっともオフィスが集中整備されているテヘラン通りと呼ばれる通り沿いのオフィスビルは、一時そのすべてが外資系の所有になったとも言われています。彼らは後の韓国経済の復興に伴い、元気を回復した地元韓国の不動産会社に次々に物件を売り払って逃げたのだそうです。彼らの韓国ビジネスは大成功だったのです。まさにギャンブラーの真髄でしょう。

ではすべての外資がこの時代、日本でも大成功を収めたのでしょうか。そんなことはありません。ギャンブルには失敗はつきものです。事実、ミニバブルが崩壊したあとの日本で、買った不動産を売り逃げできずに滞留させてしまい、金融機関のリファイナンス（借り換え）に苦慮している外資系ファンドはたくさん存在します。

もっとも聞くところによれば、現在売り逃げできずに資産が滞留してしまっている外資のハゲタカ君たちの多くは、多額のボーナスをもらってさっさと会社を辞め、自由気ままな人生を送っている一方で、残された現地採用の日本人の運用担当者たちは毎日本国の外国人上司から、運用成績が悪いから不動産が売れない、売れないのはすべてお前たちのせいだ、と罵倒されつづけているそうです。まったくもって不合理ではありますが、ギャンブルは成功した人たちだけが味わえる悪魔の果実なのかもしれません。

このように短期間で不動産を売買し、売買価格の差を抜く、いわゆる「鞘取《さやと》り」で儲けるのが、ギャンブラーのやり方です。不動産だけではなく、株式における先物売買、FXでお馴染《なじ》みになった為替《かわせ》取引、穀物、レアメタルやオイルなどあらゆるものが彼らの投資の対象となっているのが今の世の中です。

プロに伍《ご》していくのは無理でも、そのあとをついていって儲けるのは、いつの時代でも存在するやり方なのだと思います。

②「運用収益」を生み出すものとしての資産

土地の持つ本質的な価値は「含み」だけではありません。含みは持っているだけでは実現できることはなく、その含みを享受するためには売却をしなければなりません。つまり価値を自分のものにする際には、自分の持っている土地という価値を手放さなければ実現できないものです。これはダイヤモンドや金と同じともいえます。もちろん、ダイヤモンドを身につけて自慢すれば周《まわ》りの人たちは褒《ほ》めてくれるかもしれませんし、金のブレスレットを見せびらかすことだってできるかもしれませんが、その価値を本当に自分のものにするためには売却するという行動が不可欠になってしまいます。

一方で土地には、土地だけが持つ素晴らしい価値があります。利用して収益を生み出すという効用が存在するのです。いわば価値の「創出」とも言うべき側面でしょうか。私は、土地の持つ本質的な価値とは、運用によって得られる果実の大きさだと思っています。

具体的に創出される価値の主なものが、賃料というフローの収益でしょう。賃料を得るためには建物を建てるなどの投資が必要になってくると考える人が多いのですが、前にも触れましたように単純に土地を貸したり、駐車場などで利用しておくこともできます。何にせよ、賃料を得ることで土地の持つ価値を最大限に引き出すことが可能となるわけです。

この土地の持つ価値を数値として表現しようとしたのが、収益還元法と呼ばれる考え方です。簡単に言ってしまえばこの収益還元法というのは、所有している不動産に対する投資額に対して、実質いくらの収益を上げているかを割り算したものを収益還元利回りとして計算したものです。

この場合、不動産が土地と建物部分に分かれることを忘れてはいけません。多くの場合、不動産の投資利回りというのはこの土地の上に建物を建ててこれを運用する、つまり人に貸すことによって得られる収益を指しています。したがって建物を付した場合の土地の価値の表現であって、厳密には土地そのものの価値とはいえないものです。

つまり、どんなに良い土地、あるいは価値のある土地であっても、その上に存する建物自体が古かったり、使い勝手が悪かったり、みんなが嫌悪するようなテナントや物質（建物に存在するアスベストや土壌汚染など）が存在すると、その不動産としての価値は低くなってしまいます。

不動産の価値を判断するときに、プロでもときおり間違えてしまうのが、このポイントです。私のところにご相談にみえる方でも建物の汚さや古さにばかり目がいって、本当は素晴らしい立地であるのに、「築古《ちくふる》ですから買いたくないですね」などとおっしゃる。逆に土地はそれ自体は価値が低いと思われるのに、とても立派な設備やおしゃれなデザインの建物だけに目がくらんで、「どうしてもこの物件が買いたいの」とおっしゃる方がいます。

不動産の本当の価値とは、建物ではなく土地にあると私は思っています。なぜなら建物は経年とともに劣化してしまう。どんなに素敵な建物でも設備は5～15年で会計上の価値はゼロになり、建築デザインに至っては流行のようなものですから、短いものでしたら2～3年で、なんでこんなダサいデザインが気に入っていたのだろうという、ファッションの世界のようなことが起こります。

土地は、時代による流行は関係ありません。もちろん立地自体の栄枯盛衰はありますが、存在そのものがなくなるということはありません。そうした意味では建物の存在というのは土地の持っている本当の価値を見えにくくする場合もあるということです。

重要なことはこの土地の上に何を建て、あるいはどんなサービスを施《ほどこ》して土地の価値を引き出せるかということです。また、すでに建物が存在する場合にはその建物という商売道具でどんな利益を上げられるのかを、真剣に考えることです。

建物は年々劣化して価値が落ちていくものですから、まずは現状の建物価値をなるべく落とさないようにすることです。建物に対するメンテナンスをしっかりと行なうことはその建物の存する土地の価値を十分に引き出しておくために大変重要なポイントです。

私も商売柄、実査《じっさ》といって数多くのオフィスビルやマンション、ホテルなどの外観や中身を検分します。その際、同じ築15年の建物でもメンテナンスがちゃんと施されているのかどうかで別物に見える場合があります。

また、管理状態が悪い共用部の清掃の状態やごみの処理、トイレや給湯室の状態などを見ると、建物の価値の維持が適切に施されているものとそうでないものの差は歴然としたものになります。最近では清掃の方の躾《しつけ》や身だしなみまでが調査の対象になったりもします。

どれだけ質の高い管理が行なわれているかは、建物の価値の維持という点できわめて重要な要素となっているのです。

それでもオフィスビルの場合では、おおむね築15年もたつと大規模な修繕が必要となります。具体的には空調設備の更新であったり、中央監視盤というビル全体のシステムを制御する機器の交換であったり、多額の投資が必要となる事項が生じます。こうした設備更新が定期的に行なわれているのかも建物の長期にわたる寿命を左右しています。

一方でテナントからいただいている賃料は適正なものか、空室は発生していないか、また発生する可能性はあるかなど、収入の部分を極大化するためにはさまざまな気配りが必要となります。

これらの収入の極大化と費用の適切なコントロールを通じて利益を最大化しようという行動によって、土地の持つ価値を最大限にまで引き出すことが可能となるのです。

しかし、そうは言っても土地の持つ本質的な価値、「含み」の価値と「運用収益」の価値を同時に実現するにはなかなか普通の会社、個人の力だけでは難しい側面があります。もともと本業としている不動産会社であればいざしらず、お金があっても土地を保有し、その価値を最大限引き出すことのできる運用をするという2つの価値の実現は、なかなか容易なことではありません。

2つの価値を追求する不動産投資ファンド

以前はこうした難しい事業である不動産運用事業は、普通の会社や個人では手が出しにくいビジネスでした。ある程度のまとまった資金がなくては都心のオフィスビルなどとても買えませんし、買えたとしてもその後の運用によって土地の持つ価値を最大限引き出すことは困難な事業でした。

しかし、1990年代後半くらいから、不動産金融という手法が世界で広く取り扱われるようになり、資金の効率的な運用手段の一つとして、不動産もその対象となったのです。

先ほども触れました外資系の投資銀行などが、日本においては金融機関の持つ不良債権を安く引き取ってこれをファンド化し、世界中の投資家のお金を注《つ》ぎ込みました。それをお得意の証券化の手法を使ってさらに細分化し、これらを資産担保証券という形で別の投資家に売却していったのです。

この手法は所有と運用という不動産の価値の2つの側面を十分に活用したものでした。つまり、担保となっていた不動産の債権を安く買うことによって、不動産自体をひじょうに安い価格で手にすることを可能にした結果、後にこれを売却する際に高いキャピタルゲイン（物件の売買による利益）が実現できました。また、日本国内のオフィス賃貸料が２００３年の底の状態から２００８年にかけて急速に回復をしたので、賃料収入の部分＝運用収益を高めることができたのです。

このことはファンドの最終出口といわれる物件売却の際、収益還元法で考える買い手に対して、利回り＝分子の部分が賃料の回復により増加し、今後さらに賃料は上昇するかもしれないという曖昧な期待感を抱かせました。この数字にさらにプレミアムを付けることに成功し、また、土地の値段が安定化し、今後は上昇するのではないかとの期待感を生んでいきました。分母の土地価格が上昇しても、結果である利回りは高いままであり、買い手には魅力的に映るという現象をもたらしたのです。この結果、不動産に対する関心が急速に高まり、需要が膨らんだために、価格はますます上昇するという正のスパイラルを作ることができたのです。

彼らが目指したのは「含み」の実現と「運用収益」の成長の２点であり、２００５年から２００７年にかけてこの戦略は大きな成果を収めることになりました。

運用収益に重点を置いたREIT（不動産投資信託）

ファンドといっても馴染みがない、あるいは個人ではなかなか手が出せないと思われる方が多いと思います。実際にプライベートファンドと呼ばれるものはファンドの資産規模も最低でも数十億円程度のものからとなり、とても個人がお金を預けられるようなレベルのものではありません。

そんな個人の方でも気楽に不動産に投資できる機能を持った商品として2001年に登場したのがREITと呼ばれる不動産投資信託です。投資信託については証券会社などで個人向けにもずいぶん多くの商品が発売されていますので、個人の方でも商品名自体はだいぶポピュラーになってきていると思いますが、REITとはその不動産版とご理解くだされば と思います。

このREITは、東京証券取引所REIT市場に上場されている30数銘柄の全REITの中で個人投資家が占める割合はたったの15%弱程度しかありません。

でも一口数万円から投資ができて、しかも不動産を直接購入した場合にかかる手間暇も一切なく配当金だけを受け取れる仕組みで、かつ株式と同様に多くのREITが上場されているため、毎日ネットでも売り買いできますので、本来はもっと個人投資家に売れてもよい商

東証1部株式時価総額に対するJ-REIT時価総額の比率

J-REIT時価総額と東証1部株式時価総額に対するJ-REIT時価総額の比率の推移を表示しています。

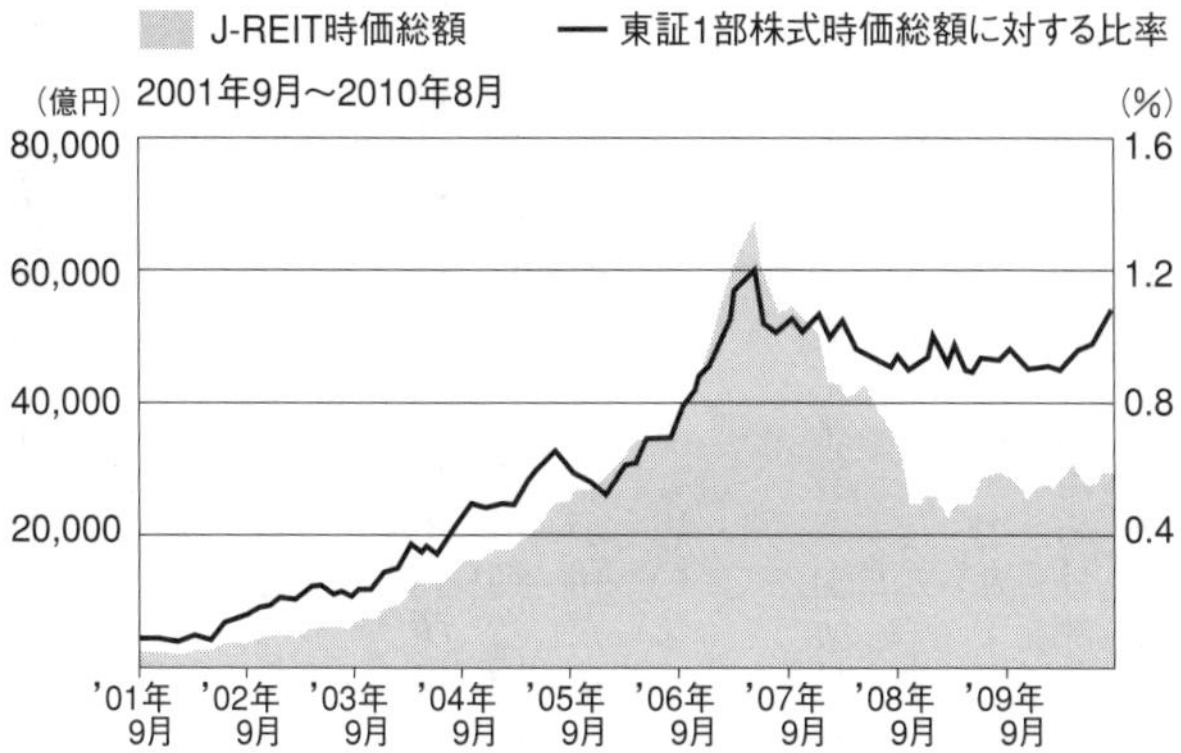

出典:東京証券取引所HP

品だと思います。

以上のように土地の持つ本質的な価値である「含み」と「運用収益」の2つの価値の創出をしっかり行なうことが、土地を持つ楽しさ、醍醐味となるのです。

J-REIT銘柄一覧

2010年10月末現在

証券コード	銘柄名	決算期	運用資産
8951	日本ビルファンド投資法人	6・12月末	オフィスビル特化型
8952	ジャパンリアルエステイト投資法人	3・9月末	オフィスビル特化型
8953	日本リテールファンド投資法人	2・8月末	商業施設特化型
8954	オリックス不動産投資法人	2・8月末	総合型（オフィスビル中心）
8955	日本プライムリアルティ投資法人	6・12月末	複合型（オフィス＋都市型商業施設）
8956	プレミア投資法人	4・10月末	複合型（オフィス＋住居）
8957	東急リアル・エステート投資法人	1・7月末	複合型（オフィス＋商業施設）
8958	グローバル・ワン不動産投資法人	3・9月末	オフィスビル特化型
8959	野村不動産オフィスファンド投資法人	4・10月末	オフィスビル特化型
8960	ユナイテッド・アーバン投資法人	5・11月末	総合型（オフィス＋住居＋商業施設＋ホテル）
8961	森トラスト総合リート投資法人	3・9月末	総合型（オフィスビル中心）
8963	インヴィンシブル投資法人	6・12月末	総合型（住居中心＋オフィス等）
8967	日本ロジスティックスファンド投資法人	1・7月末	物流施設特化型
8968	福岡リート投資法人	2・8月末	総合型（商業施設中心）
8972	ケネディクス不動産投資法人	4・10月末	総合型（オフィスビル中心）
8973	積水ハウス・SI投資法人	3・9月末	総合型（住居＋商業施設中心）
8975	FCレジデンシャル投資法人	4・10月末	総合型（住居＋ホテル等）
8976	大和証券オフィス投資法人	5・11月末	オフィスビル特化型
8977	阪急リート投資法人	5・11月末	総合型（商業施設中心）
8979	スターツプロシード投資法人	4・10月末	総合型（住居中心）
8981	ジャパン・ホテル・アンド・リゾート投資法人	8月末	ホテル特化型
8982	トップリート投資法人	4・10月末	総合型（オフィス＋商業＋住居）
8983	ジャパン・オフィス投資法人	4・10月末	複合型（オフィスビル中心）
8984	ビ・ライフ投資法人	2・8月末	複合型（住居＋商業施設）
8985	日本ホテルファンド投資法人	3・9月末	ホテル特化型
8986	日本賃貸住宅投資法人	3・9月末	住居特化型
8987	ジャパンエクセレント投資法人	6・12月末	総合型（オフィスビル中心）
3226	日本アコモデーションファンド投資法人	2・8月末	住居特化型
3227	MIDリート投資法人	6・12月末	総合型（オフィスビル中心）
3229	日本コマーシャル投資法人	2・8月末	複合型（オフィスビル＋商業施設）
3234	森ヒルズリート投資法人	1・7月末	総合型（オフィス＋商業施設＋住居）
3240	野村不動産レジデンシャル投資法人	5・11月末	住居特化型
3249	産業ファンド投資法人	6・12月末	複合型（物流施設＋インフラ施設）
3269	アドバンス・レジデンス投資法人	1・7月末	住居特化型

第2章

不動産投資は、ギャンブルなのか？

「買って売る」のが大好きなギャンブラーたち

前章において私は、不動産における「含み」の部分をギャンブルにたとえました。

ギャンブルというと博打的なイメージが強くなり、あまりよい印象を持たれない方が多いと思いますが、みなさん日常生活ではギャンブルを、けっこうおやりになっているのではないでしょうか。最近ではあまり流行《はや》りませんが、競馬やマージャン、パチンコもそのたぐいかもしれません。金融庁が運用額に対して一定の制限をかけるようになった、為替《かわせ》のFX取引なども、ギャンブルのようなものかもしれません。

では不動産で行なわれているギャンブルの実態は、どのようなものなのでしょうか。そしてこのギャンブルに勝つ秘訣は存在するのでしょうか。

株式と違い、不動産は読んで字のごとく、動かすことがなかなか大変な投資対象です。けれども現在の不動産売買マーケットは、不動産の証券化などの金融を利用した仕組みが整備された影響で、ずいぶんと流動性が高くなりました。

以前は、日本の不動産はほとんど物件内容に関する開示が行なわれず、買い手側は周辺での売買事例や物件についてのわずかな情報のみを頼りに投資を判断せざるをえませんでした。つまり、素人《しろうと》には手が出しにくいマーケットだったといえます。

不動産の流動性を高めた証券化の仕組みは、90年代半ばくらいから日本に導入されたというのが通説です。不動産というブツ＝物を証券というペーパーに直すことで、株式のように日々流通できるようにしたこの革命的手法は、不動産売買マーケットに大きな影響をもたらしました。

また、ペーパーに直す際に、信託受益権という証券の形をとることから、信託銀行が大きな役割を果たし、物件に対するデューディリジェンスやエンジニアリングレポートといった、耳慣れない呼び名の欧米流の不動産調査資料が必須となってきて、今まで不透明でわかりにくかった日本の不動産の実態の開示が、飛躍的に進むこととなりました。これは主に金融面から要請されたことです。

金融マンは、金融のプロであっても必ずしも不動産のプロではありません。そこで金融マンでも理解できる不動産の材料を求められたことから、物件情報の開示につながったのでした。

このように不動産のプロではないプレーヤーでも不動産取引に参入しやすくなったために、2006年から2008年にかけてのミニバブルの発生の際は、前回バブルのときと違って、不動産会社や一部事業会社だけでなく、金融機関関連の会社も含めて数多くのプレーヤーが参入することとなりました。

金融機関関連の会社を含めた新興のプレーヤーにとって、この証券化の仕組みはなんとも都合のよい手法でした。不動産を買うということは、従来のようにキャピタルゲイン（物件の売買による利益）だけを目的にするのではなく、インカムゲイン（運用による利益）もあわせてその収益力を判断できるという理屈を、この証券化という手法が組み立ててくれたからです。

前回のバブルでは、ただ単に不動産を「買って売る」という行為に対して金融機関は多額の貸し出しを行ない、その後の長くて苦しいバブル崩壊を経験することになったのですが、今回は不動産の家賃収入や今後の成長性までを含んだ利益全体を判断して、ファンドに貸し付けるという理屈を金融機関側も組み立てやすかったのです。

不動産ファンドビジネスにおける利益は、不動産から得られる毎年の家賃収入と、ファンドの出口と呼ばれる終了期（通常は3～5年後）における、物件の売却による利益の合算値ですので、この利益の大きさと確かさで投資家は投資を行ない、金融機関はファイナンスを行ないました。

ところが結果的には、この短いミニバブルの間に上手に儲けることができたのは、この期間中に「売り逃げた」人たちだけでした。結局いろいろ難しそうな手法を駆使しましたが、ギャンブルということの本質は前回のバブルとなんら変わるところはなかったようです。

またこの期間中に名を馳《は》せた人たちについて、この人たちは本来的な意味での「不動産屋」ではないと、私は思っています。

なぜなら前回のバブルでもそうでしたが、ただ単に不動産を右から左に短期間で横流しするという行為は、不動産の持つ本質的な価値を享受したいわけではなく、右肩上がりの相場を見切って短期に売買を繰《く》り返すことによって鞘取《さやと》りを行なっていく株式売買の世界にきわめて近い行為であるからです。

彼らは「カネ儲けの権化《ごんげ》」であって、カネが得られるのであれば別に対象は何でもよいと考えている人たちでした。昔からよくある博打打ちのタイプとも言えるかもしれません。

このところ倒産が続いている多くの新興系不動産ファンド会社の社長も、このタイプの方々が多いように思います。

ある新興系不動産ファンド会社の社長は、ミニバブルで大変な収益を計上していたとき、私にこう言いました。

「私はね、金儲けができれば対象は何でもよかったのだよ。たまたま不動産が一番儲かりそうだったからやっただけで、別に不動産自体が好きなわけでも、興味があるわけでもないのだよ」

私はこの言葉に衝撃を受けました。不動産でなくても何でもよい、これは不動産屋ではなく、ギャンブラーのせりふです。相場が「右肩上がり」であるかぎりは、声が大きくて手の平の分厚い人が勝ち、この法則を彼は愚直に追い求めていただけだったのです。

不動産は利幅が大きく、参入障壁の低いフリーマーケット

不動産は取り扱う金額が大きいために、資金の調達が容易でなく、参入障壁が高いマーケットと思われがちですが、実は資金調達の目処《めど》さえつけばそれほど参入は難しくありません。

その証拠に、日本の金融機関は地価が上がっていたり、安定していれば、土地を担保に融資を行なうことに割合に鷹揚《おうよう》なところがあります。

前回のバブルのときには、それこそ地価はウナギ上りに上昇していましたし、今回のミニバブルでも融資の手法は多様に進化しましたが、結局は安定している地価と、今後上昇が見

込まれる賃料に、甘い憶測も絡めて金融機関は多額の融資を行ないました。

つまり不動産は、地価の動向をよく見極めていれば、誰でも参入可能なマーケットともいえ、短期で売り抜けるギャンブラーにとっては不動産価格の右肩上がりは絶好の稼ぎ場となります。

参入障壁が低ければ、張るリスクが大きい分だけ、得られる利益も大きいために、不動産会社だけでなく、サラ金、リース会社、オーナー会社など、不動産についてなんの知識も経験もない人たちも続々参入してきました。またできたばかりの新興系の不動産ファンド会社も先に触れた不動産ファンドの手法を使って、投資家の資金をバックに多数参入したのが今回のミニバブルでした。

場が良いときというのは、不動産に関する知識はあまり必要としません。相場が上昇しつづけていく中で、「買って売る」だけなのですから、株式の売買に近いものがあります。

むしろなまじ不動産の知識があったりすると、不動産自体のリスクを考えすぎて思い切った手を打てずに、マーケットでは狙《ねら》った物件を買えなくなってしまうこともしばしば起こります。

私自身も不動産の入札では苦い思い出がたくさんあります。ミニバブルの頃、不動産価格の上昇につれて、売り手側は、今までのように気心の知れた買い手に相対で売却するようなことはせずに、必ずといってよいほど欧米流の入札方式で物件を売ろうとしました。

不動産のプロを自任する身としては、先ほどのレポート類を読めば読むほど対象となる物件のリスクの部分がよくわかってしまうものです。すると入札価格を算定するときに、どうしても想定される価格からの引き算になってしまい、入札価格はトップに届かないものとなってしまいます。

皮肉なことに入札の場合は、その多くが不動産について何も知らない、度胸と根性だけは誰にも負けない素人が落札するのが常でした。博打で勝つには度胸と根性、そして場を読む鋭敏な感性が備わっていればよく、プロとしての不動産の知識などは、むしろ邪魔になってしまうものなのかもしれません。

地価のサイクルを上手に見極めれば、莫大なカネを手にできるのが不動産

短期間で大きな収益を上げることが、ギャンブルの目的です。中長期で収益を上げることは、普通ギャンブルとは呼びません。

平成バブルといわれた時代、土地は「みんなで買えば恐くない」といったものでした。全

員が地価は上がると信じているかぎり、誰よりも早く買っておくことが成功への近道です。

そして全員が「買い」に走るかぎり、合理的な反対理由などありませんでした。

ところが今回のバブルは短かった。そして、前回のような地価の大幅な値上がりもありませんでした。２００５～２００６年くらいまでに仕入れた人の中には上手に売り抜けられた人もいましたが、２００７年以降に仕入れた人のほとんどが、はかばかしい成績を得ることはできなかったはずです。

地価についていえば、前回のバブル崩壊以降、日本の地価はほぼ一貫して下がり続け、２００６～２００８年のわずかな期間に、ほんの少し回復しました。今回はこの小さな回復の隙間《すきま》で儲けただけだったのです。前回の長きにわたる地価上昇トレンドを捕《とら》まえた投資とは、ずいぶんと様相が違っていたことに気づかされます。

この原因は、不動産を動かす資金が、今回のバブルでは完全に世界の金融マーケットにリンクしていました。世界の金融マーケットは短期長期のいろいろなニーズのお金が飛び交《か》い、また先進国のみならず、中国、インド、ブラジルなどの発展著《いちじる》しい国々を自由に流れていきます。その変化は激しく、短期のサイクルを形成するものとなっています。

日本の地価もこのマネーの流れの中に位置づけられてしまったために、以前に比べて地価のサイクルは圧倒的に短くなっていると理解したほうがよさそうです。

日本列島改造論が流行《はや》った頃のように、日本全国で一律に地価が上昇するような時代は、残念ながらもはや期待できません。国全体の人口が増え、産業が国内需要のみの中で発展・成長を遂《と》げていくのであれば、全国一律の地価上昇もあるかもしれません。しかし人口が減少に転じ、経済全体が世界経済に深くつながってしまい、本来ドメスティックなマーケットだった不動産が、世界マネーという血液を注入したために世界経済の中に位置づけられてしまった現在の日本にあって、全国的な地価上昇を夢見ることは望めないのです。

しかし、国全体で見るのではなく、国内を点＝エリアでみれば、地価はまだ、いろいろな個所で上下動を繰り返していくと考えられます。また、この上下動のサイクルは世界経済と同じく、短期間に変動していきますから、要はこのサイクルを的確に捕まえることが、不動産投資にあたっては肝要となります。

日本の地価は今後、中長期で下落していく過程の中でも、小刻みに上下動する時代に入ったのです。むしろマーケットの動きは、平成バブルが崩壊して全国の地価が暴落していったときに比べて、予測がしやすくなったとも言えるのかもしれません。

このサイクルを上手に見抜くことが、今後のギャンブルのコツです。今までのような大きな儲けは期待できないかわりに、この小波を上手に利用して小さく儲けることがテーマとなります。さいわい、株式のような不動産証券化のマーケットが整備されてきたおかげで、短期間で買ってすぐに売り抜けることが可能となっています。

「買い」の不動産とは

「地価変動の短いサイクルを上手に見抜こう」と口で言うのは簡単ですが、実際にどこをどんなタイミングで買えばよいのか、なかなかわからないとおっしゃる方も多いと思います。

見極めのためのポイントを整理してみましょう。

最近よく聞かれるのが、日本では東京以外ではもう経済が立ちゆかないので、不動産も東京以外はだめだろうという説です。この説はおおむね正しいといえましょう。たとえば、オフィス需要で考えますと、東京と大阪ではオフィスに対するニーズはおよそ10対1といわれるほどの違いがあります。

人口だけで比較すると4対1であるのに、産業基盤であるオフィスビルへのニーズは、これほどの違いがあるのです。東京はやはり日本の中心として、日本の多くの産業の本社、本店機能が集まるばかりでなく、外資系企業も日本にオフィスを構える場合、多くは大阪ではなく東京に構えます。その結果、オフィスに対するニーズは、人口比以上の差がついてしまうのです。

また、日本全国の人口が減少を続ける中でも、首都圏には継続的に人口が流入しており、世帯数についても一貫して増加してきたことから、住宅の需要も東京が一番であることは間違いありません。したがって、東京を中心に不動産投資をすることは基本的に正しいと言えます。

では東京以外の都市ではだめかというと、そんなことはありません。世界の投資マネーが東京と同様に、オフィスビルやマンションに流れ込んでくることに期待は持てませんが、東京以外の都市でも立地や用途を選べば、地価変動の短いサイクルの中で一定の儲けを確保することは十分に可能です。

たとえば最近は中国からの観光客がブームを呼んでいます。中国人観光客が通過・滞在するエリアで、ホテルやレストランに投資をしたいという中国人や日本人の実業家は、大勢います。大阪~東京間の静岡、山梨県など、特に富士山が見える場所のホテルや保養所に対するニーズはひじょうに強いものがあります。

また、近年ではアジアやオセアニアの国々の距離は急速に狭まっており、韓国や中国、台湾、香港《ホンコン》、オーストラリアとの交流は今後も発展するでしょう。韓国や中国に近い九州では、福岡や熊本、宮崎など多くの観光需要が見込めますし、北海道にはアジアやオーストラリアからもたくさんのスキー客が来日しています。また、これらの自治体では、別荘の需要が多く発生していることも話題になっています。

こうした観光客の受け入れ先としての施設の新設や整備は、新たな不動産に対する需要を生み出すことでしょう。

地方都市における不動産投資は、以前は新幹線など新しい鉄道の駅や、道路の開通など、地元の利権絡みのものが主流でした。国土の大きなインフラ整備が減少した今は、点となる需要を地道に探し出していく投資姿勢が重要となります。

東京でも同じようなことがいえます。東京ならどこでもよいというわけではないからです。東京は西を起点に反時計まわりに地価が形成されている、つまり、東に進むほど地価が下がっていくという法則が古くからあります。そのせいか、不動産投資をお考えの方の多くが東京の西側での投資を希望される場合が多いようです。

またワンルームマンションなどの需要も、西に多くの大学が存在したこと、ＩＴ系など比較的若い社員が勤める会社の多くが新宿や渋谷に立地したことなどを背景に、こういった現

家族類型別一般世帯数

（単位1,000世帯）

年次	総数	親族世帯 総数	核家族世帯 総数	夫婦のみ	夫婦と子供	男親と子供	女親と子供	その他の親族世帯	非親族世帯	単独世帯
昭和 60 年	37,980	30,013	22,804	5,212	15,189	356	2,047	7,209	73	7,895
平成 2 年	40,670	31,204	24,218	6,294	15,172	425	2,328	6,986	77	9,390
7	43,900	32,533	25,760	7,619	15,032	485	2,624	6,773	128	11,239
12	46,782	33,679	27,332	8,835	14,919	545	3,032	6,347	192	12,911
17	49,063	34,337	28,394	9,637	14,646	621	3,491	5,944	268	14,457
（再掲）										
6歳未満の親族のいる世帯	5,172	5,172	4,200	−	3,962	15	224	971	0	0
18歳未満の親族のいる世帯	12,403	12,383	9,567	1	8,403	122	1,041	2,816	0	20
65歳以上の親族のいる世帯	17,204	13,313	8,415	4,779	2,042	263	1,331	4,898	27	3,865

「国勢調査」（10月1日現在）による。「一般世帯」とは、住居と生計を共にしている人々の集まり、一戸を構えて住んでいる単身者、間借り・下宿屋などの単身者及び会社などの独身寮・寄宿舎などに居住している単身者をいう。

出典：総務省統計局

象が起こったとも言えます。恵比寿、三軒茶屋などの発展は、その代表的な事例と言えるでしょう。

ただ、今後はわかりません。私も仕事上、賃貸マンションの収益などをチェックするのですが、都心居住が見直される中、最近では賃貸料に割安感のある、東京の東部、江東区や品川区近辺の人気が高くなっています。また羽田空港の24時間化の影響と思われますが、品川、大田区の海岸沿いでは、ホテルやマンションの用地に対する需要は大変大きなものがあります。

また、人口の減少だけでなく、世帯構成も昔とはずいぶん変化しました。1980年代半ばは日本における世帯数はおおむね3800万世帯程度でしたが、人口がほぼ横ばいの中、現在の世帯数は５０００万世帯に達しようとしています。１世帯当たりに直すと2・6人、単身者が増えているのです。単身者というと若者ばかりを考えがちですが、これからはお年寄りの一人世帯も激増するでしょう。

こうした背景は、今後東京都内のマンション需要に影響を与えるものと思われます。

また、居住用だけでなく、東京スカイツリーの建設が進み、多くの国内外の観光客の来訪が期待される浅草、上野なども、今後大いにホテルや旅館、商業施設などの需要が見込まれるエリアになると思われます。

以前は３Ａ地区と言われた青山、麻布、赤坂など、人気エリアの賃貸マンションが苦戦を続ける中、東京での不動産投資の在り方も徐々に変容してきているのかもしれません。

買ってはいけない土地

一方で、土地に投資をする際に気をつけなければいけないポイントというものがあります。先ほども触れましたが、土地の上に建つ建物の美しさに幻惑されることもその一つです。

建物が古くてもださくても、今はリニューアルの技術が進歩していますので、住友不動産の「新築そっくりさん」ではありませんが、新築に近い状態にリニューアルすることも可能です。最悪、建て替えてしまえば、土地の持つ価値を十分に引き出すことは可能となります。

ところが、土地がだめだとどうにもなりません。

最近では土地を売却するにあたって、いろいろな調査レポートを請求されます。その中でも土壌汚染が見つかったりすると土地の取引に大きな影響が出るようになっています。土壌の汚染自体は昔からあったもので、業種によっては建物があればほぼ例外なく土壌汚染があると言われた土地がありました。以前、大手不動産会社が大阪の金属工場跡地に分譲したマンションでこの土壌汚染が大問題となり、多額の賠償金が払われたケースもありました。

2009年に土壌対策基本法が制定されて以来、規制はさらに厳しい方向に動いています。したがって土壌汚染の可能性がある土地をギャンブルで買うことは、避けたほうが賢明でしょう。

また、これも昔からよく見られるのが新しい鉄道、道路の開通を見越して買う人たちです。関東近郊でもここ10年ほどの間に東葉高速鉄道、つくばエクスプレスなどの新しい鉄道が開通しました。ただ、こういった鉄道の話はえてして、ずいぶん昔から計画としてはあっても、開通するまでには意外と多くの年月を要するものです。

私の知り合いにも、このような鉄道の開通を狙って、当時はずいぶんと辺鄙《へんぴ》だったところに戸建て住宅を買い、長年の長距離通勤に耐え、鉄道の開通を今か今かと待っていた人がいます。ところがお気の毒なことに開通したそのとき、彼はもう定年を迎えていたのです。

長期間寝かしておけるような土地に投資をして、気長に待つのならそれもよいでしょうが、「見込み」だけで自宅や投資用物件を買うのは、ひじょうにリスキーな話です。

また、大型の開発予定地の中の物件をあえて買おうとされる方がいらっしゃいます。複数の地権者がいて、そこに大手のデベロッパーや開発業者などが入り乱れて、3年先あるいは5年先の開発が予定されているような土地のケースです。

いずれ開発されるので、今からその予定地の一部を買っておけば、デベロッパーなどが高い値段で買いに来てくれるだろうなどと勝手に妄想するケースです。

これも少し冷静になって考えたほうがよいでしょう。都内だけでも市街地再開発の計画は多数存在します。しかし、そのすべてが今後も順調に開発されるという保証はどこにもありません。

本当に開発が行なわれる可能性が高いところというのは、通常は個別の不動産物件が流通マーケットに、流れてはこないものです。流れてきているものには必ずワケがあることに気づくことです。

最初のうちは業者がたくさん群がっていても、開発の可能性が遠のき、しかも予定地はその開発を見込んで土地がずいぶん売られてしまったので虫食い状態。そうこうしているうちに開発をあきらめて地権者や業者が売りに出してしまうケースはよくあります。

事情を知らずに、こちらも甘い汁を吸おうと買ってしまったりすると、いくら待っても白馬の王子様は現われず、虫食いで荒涼とした土地には誰もテナントが来ない、などという事態にもなりかねません。

そもそも本当に開発が見込める土地ならば、とうの昔にプロの開発業者が暗躍跋扈《ばっこ》しています。しょせん、素人さんが手を出すことなどは不可能なのです。

「土地ころがし」と「売り建て業者」の違い

不動産業のギャンブルとしての側面をプロとしてやっている業者について、土地を仕入れるという観点から、もう少し踏み込んで観察してみることにしましょう。

土地の売買のプロには、おおむね2つの類型があります。一つがいわゆる「土地ころがし」といわれている業態、もう一つが「売り建て業者」といわれている業態です。

バブル期に有名になった「土地ころがし」をやっている業者は、今でも存在します。以前のように大規模にやっている業者こそ少なくなりましたが、手ごろな土地を見つけては安い値段で押さえて、その土地をどうしても欲しいエンドユーザーや他の業者に、より高い価格で転売をしていく人たちです。

なぜ今でもこの業態が成り立つのでしょうか。彼らの成功の秘訣は、個々の不動産についての情報力です。たとえば土地としては広く、日当たりはよいのですが、道路付けが悪い土地があったとします。その場合、道路に接して隣接する小さな土地を買いつけてきて、隣りの土地とあわせてデベロッパーに卸《おろ》すなどというのが彼らの仕事です。

逆にそういった土地をわざと押さえておいて、隣地を買った業者に意地悪をして高く売りつけるなんてこともやったりします。

この業態は、土地を買うにあたって比較的大きな資金が必要となりますが、これを短期に回転させることで成り立っています。一つの土地はだいたい半年くらいしか寝かせません。したがって半年勝負の博打業となります。

当然資金繰りは金融機関頼みですが、地価上昇期には必ず融資する金融機関が現われるものですし、彼らは日頃は地元の信用金庫、信用組合といったところからの短期のファイナンスでできる範囲の投資を行なっています。コツコツと細かく投資を行なって儲けるのが、彼ら「土地ころがし」屋の真髄です。

ともすると悪徳業者に思われがちな彼らですが、大きな開発を行なう大手デベロッパーや商業施設、ホテル業者などにとっては重宝な存在でもあります。彼らが手足となって土地を整理する機能をつかさどっているのが、「土地ころがし」でもあるのです。

ただ、マーケットは残酷です。一度、地価が下落を始めると、ファイナンスで資金をつないでいる彼らは逃げ遅れたとき借金が残り、倒産や破産という「負け組」になるというリスクもあります。ゲームはどこかで終わるのです。この「終わり」を見極められる人たちが、少数の「勝ち組」になれる人たちです。

この世界は、株式投資と同じ世界ともいえます。借金して大きく賭けるということは、価格が下落すれば借入金を返済できないレベルにまで陥《おちい》ってしまうことも容易に起こりうるわけです。加えて株式マーケットと違い、この生の不動産を右から左に流す「土地ころがし」は、現代のように証券化が進んだマーケットにおいても、昔ながらの「伝統工芸」に近い世界です。確信犯でないかぎりやってはいけません。

私の知り合いに、この相場師として稼いでいる人がいます。この人は２度のバブルでもまったく影響を受けていません。なぜなら土地の値段が上がり始めると、この人は絶対に買わないからです。

２度目のバブルが崩壊してやや時間がたった２０１０年春、久しぶりに彼から私のところに電話がありました。

「牧野さ～ん、お元気ですかぁ？　おれさぁ、そろそろお仕事始めようかと思ってるんだよね。良い案件あったら教えてちょ」

この人は永遠にギャンブラーとして生き残っていく人だと思います。

一方、マンション分譲や戸建て分譲といった「売り建て業者」はどうでしょうか。彼らは単純に土地を横流しするのではなく、土地の上に建物という付加価値をつけて転売する仕事です。

「土地ころがし」が、どちらかといえばデベロッパーや業者を販売先としているのに対して、売り建て業者はその多くが最終ユーザーである一般消費者を相手にしています。

また土地の上に付加価値をつけるということは、マンションや一戸建てをこしらえるわけですから、当然新たな資金と時間が必要となります。

したがって単純な「土地ころがし」屋と違って、この業を行なうには会社としての体力も、建物を建てる知恵もなければなりません。また、しばらく換金できないわけですから、それなりの懐《ふところ》の余裕も必要になってきます。

地価が上がり、分譲・賃料相場とも上昇しているときは、この手法がもっとも利益が取れます。なぜなら、土地という原材料を多少高く仕入れてしまったとしても、あるいは建物をこしらえる建設費が多少高くなってしまっても、最後にできあがった製品＝マンションや戸建て住宅の相場が上昇しているときは、お客さんは喜んで買ってくれるからです。

特に地価の上昇が顕著な場合などには、そのマンションや戸建て住宅の本来持っている製品価値よりもはるかに高い価格がつけられたりしますので、短期間に法外な利益を享受できたりもするのです。

逆に地価が下がり景気が悪くなって、消費者の購買意欲がどんどん薄れている時代はどうでしょうか。好景気の真っ盛りに土地を仕入れ、建築費の高い時期に建物を建て、ようやくできあがって、いざ販売に入ったときに、肝心の景気が大失速してしまっていた場合、事態は深刻なものとなります。

普通の工業製品では原材料を仕入れてから、商品として販売するまでにそれほど多くの時間を要しませんが、不動産の場合、仕入れから製品化まで、マンションでは短いもので1年、大型開発などでは3年程度もかかってしまいます。戸建て住宅でも1、2軒なら別ですが、通常はある程度まとめて分譲しますので、用地の整備から販売まで最低でも1年近くはかかります。

景気の変動の影響を、まともに受けやすいのがこの「売り建て業者」なのです。

30年以上続くマンション分譲業者がいないわけ

「売り建て業者」の厳しさを示す証拠として、マンション分譲業者で30年以上事業を続けている業者がほとんど存在しないということがあります。ここ10年ほどの間にも不動産関連、とりわけマンション分譲業者は続々倒産しています。

大手の大京《だいきょう》、藤和《とうわ》不動産なども会社としては存続していますが、新たなスポンサーなどを募ってなんとか生き延びている会社です。

彼らが生き延びることができない最大の理由が、先ほど申し上げた原材料（土地）の仕入れから製品化（マンション）までのタイムラグです。地価の変動のサイクルを読み切り、その上で最終製品の販売時期の景気を読み切ることは至難の業。大京や藤和といった大手分譲業者でさえもこのサイクルを読み切れずに厳しい経営を余儀なくされる、これが「売り建て業者」の宿命です。

では、「売り建て業者」で儲ける一番の方法は何でしょうか。

それは、「土地ころがし」のように一度売って儲けたら、もうやらないことです。

土地さえ仕入れることができれば、マンションデベロッパーという業態は比較的簡単に創業できます。実際に建物を建築するのはゼネコンがやりますし、竣工後の販売もマンション販売業者を使えばよいので、知恵、ノウハウはあまり必要としません。

「良い時期」＝相場が上昇する時期だけマンション分譲をし、あとは店じまいをしてしまえば、「売り逃げ」として終わらせることも可能な業態です。

地価が上がり、マンション相場が上昇する時期には必ず新興のマンション業者が雨後のタケノコのごとく大量に創業します。マンション分譲自体はそれほど利益率の高いビジネスではなく、おおむね100戸分譲して95戸以上が販売できれば利益が取れる程度ですが、取扱金額が大きいので、利益率はともかく実額で得られる利益は巨額なものとなります。

たとえば、1戸当たり5000万円のマンションを100戸も分譲すれば、2億5000万円くらいの利益となります。

そこでやめればよいのです。ところがどの業者もここでやめられないのがこのビジネスです。少し儲かればさらに儲けようとするのが人間の性《さが》です。一度に得られる利益が大きいので、どうしてももう一度おいしい目にあいたくもなります。

これが「もっと大きく、もっと儲けよう」と考えることとなり、社員を増やし、増やした社員を養うために過酷なノルマを課し、ひたすら増収増益を求めてしまうのが、分譲マンション業者の宿命です。

特に「上場」して大きな創業者利益を取ってしまうと、株式マーケット＝投資家からは上場後は常に「右肩上がり」の成長を求められ、無理を重ねてしまうことになります。

そして結局、相場の下落が始まる時点になっても「身動き」が取れず、「良かった」時代を忘れられずに盲目的に事業に邁進してしまい、やがては負のサイクルに入り込んでしまうこととなります。

マンション業者にとっての「負のサイクル」は、過酷なものがあります。製造業でいうと、作った製品が全部原価割れするような事態です。そのときには、今までニコニコ融資してくれていた金融機関も鬼の形相《ぎょうそう》に変わり、「貸した金返せ」の大合唱です。

結局このギャンブルに勝つのも、「土地ころがし」の人たちと同様に、相場をよく眺めて売買し、パッとやめることのできる人に限られるのかもしれません。

しかしこれは、ほとんどの分譲マンション業者にはできない芸当でしょう。なぜなら人をほとんど雇わずに会社を経営することはできないからです。

人を雇い、会社を大きくしてしまうと、いざというときには店をたためなくなってしまいます。人の雇用は継続が原則。

「儲け終わったから、君、あしたから来なくていいよ」

「来年から相場悪いんで、会社たたむよ。ありがとさん」

とは言えません。

ギャンブルは何によらず「身軽な人」がやらないと大やけどをします。株で勝つ人と本質は何も変わらないのです。

「売り建て」でつぶれた不動産ファンド会社

マンション業者の話ばかりしましたが、今回のバブル崩壊で倒産した多くの新興系不動産ファンド会社も、そのつぶれた主な理由がこの「売り建て」でした。

不動産ファンド会社は本来、投資家から集めたお金に金融機関から受けたファイナンスをつけて特別目的会社を通じて不動産に投資を行ない、その運用にかかる報酬だけをいただくビジネスで、実際の物件売買における損得は投資家が負う仕組みとなっているために、本来はギャンブルとは無縁なはずです。

ところが多くの会社がマーケットに参入するにつれて、中古の良い物件（マンションやオフィスビル）が争奪戦となり、なかなか仕入れが難しくなってきました。また、運用報酬だけでは飽き足らず、先ほどの「もっと大きく、もっと儲けよう」の発想で、会社の成長にドライブをかけようとした結果、

「中古物件がないのならば、作ってしまえ」

というわけで、この「売り建て」ビジネスを始めたのでした。

具体的には、自分たちで土地を仕入れてきて、そこにマンションやオフィスビルを建築し、できあがった不動産をそのまま自らが組成したファンドや他の業者に売却しはじめたのです。

さらには、自らREITを組成して、幅広く投資家のお金を集めて、そこに自分たちの作った物件を継続的・優先的に売却することも始めました。

このやり方は、形こそ違っていますが、マンション分譲業者がやっていることとほとんど

同じです。彼らの失敗は、「これらマンション分譲業者と自分たちは違う、ファンドやREITは一般消費者ではない、しかも世界のマネーをバックにした投資家のお金だから永遠に買ってくれる」と、信じてしまったことにありました。

実際には、バブルは崩壊して投資家は去り、ファンドやREITに金融機関からの新たな資金供給もなく、竣工した賃貸マンションや賃貸オフィスは買い手がつかず、不動産ファンド会社は建設のために借りた多額の借金の返済に窮《きゅう》することとなりました。

買い手が誰であっても、マーケットの変動をヘッジしてくれることはありません。不動産に対する甘い見通しのために、金融機関からの資金供給も途絶《とだ》えて、この厳しいギャンブラーの世界からの退場を命じられたのです。

ニッチを狙ったアウトレットマンション・ビジネス

それでもなんとかこうしたリスクを少しでも避けて、不動産でひと儲けしようとする人たちは必ず存在します。

バブル崩壊のあと、この崩壊を逆手《さかて》に取って新たなビジネスを始めた人たちがいました。アウトレットマンション・ビジネスなどと呼ばれているものです。

　このビジネスは中古マンションを１戸１戸買って、それぞれの住戸に対し、空《あ》いている住戸はリニューアルを施《ほどこ》し、借家人がいる住戸は借家人を退去させた後にリニューアルして、マーケットで再販するビジネスです。

　もうすでにできあがっているマンションの販売在庫や、借り手が入居しているがオーナーが売りたがっている住戸ですので、ひじょうに安い値段で買えます。借り手が住んでいるマンションは居住用としてすぐには売れませんが、毎月の賃料収入がありますから、購入するための借入金の金利負担くらいは当然カバーできます。

　このビジネスの特徴は、仕入れから販売までの期間が短いこと、仕入れ価格が安いことの２点です。したがって個人でもできるということで、リーマンショック後、投資銀行を辞めた人などの中にこういったビジネスでしばらく食いつなごうとしている人たちがいました。

最近、大流行りのビジネスではありますが、このビジネス自体に人気が出て、始める業者が増え、中古マンション住戸の取得競争が激しくなると、結局取得価格が高くなり、思い描いたような利益を取れなくなる事態となりました。

　もともと在庫がたくさん存在するマーケットではない、いわば隙間（ニッチ）ビジネスですが、これも参入障壁が低いので、参入者が多くなり、そうなると仕入れコストは膨《ふく》らんでいきます。また、いくら仕入れから販売までの期間が短いといっても、マンションマーケットの下落局面では、再販の際のリスクは大きくなってしまいます。

ギャンブラーとしては小粒かもしれませんが、負っているリスクという本質的な部分では同じです。

それでも株よりもはるかに安全な「土地」

土地をギャンブルとして扱うには、地価のサイクルを的確に読んで、いつでも動かせる土地を用意しておかねばなりません。したがって、まず自宅の土地を使ったギャンブルなどは絶対にしないことです。

いくら慎重でも投資に失敗はつきものです。しかし、サイクルを読み違えて、そのまま塩漬けにせざるをえなくなっても、土地の持つ本質をしっかりと理解していれば別に慌てることはありません。

なぜなら、土地は「なくならない」からです。

株式はその会社が倒産したら、その日からただの紙くずと化してしまいますが、たとえ大地震が起こって建物がすべて瓦解したとしても、土地の存在が損《そこ》なわれることはきわめて例外的でしょう。

株式は、不動産に比べて流動性が高い、つまりやばいときにはすぐに売り逃げることが可能です。しかし、株式で表象される会社の事業リスクをすべて被《こうむ》る覚悟も必要です。

株主の思いとは別に、時に会社の経営者というのは勝手に増資をしたり、配当を減らしたりします。もちろん株主として一定の発言権はあるものの、基本的にその運営については他人任せのものです。

流動性が高いだけに毎日価格が気になるものですし、価格が下がれば売らなければいけないと思いがちです。

これに対して土地は上に載っている建物が気に入らなければ建て替えてもいいし、良い土地でさえあれば、今の相場が低くても慌てて換金する必要もありません。

勝手に増資されることもありませんし、ましてや倒産で紙くずになることもありませんので、永遠に自分のものです。

いわばすべてのリスクに圧倒的な強みを持つのが、土地ともいえるのです。

それでも、土地で失敗する人はたくさんいます。購入時の過剰な借金が原因です。ギャンブルの失敗の原因は株でも競馬でも不動産でも、借金をして大きく賭けると、一時的に儲けが膨らむことに夢を見すぎて「やりすぎる」ことです。

ＦＸも発想は同じです。ＦＸ会社では、家庭の主婦でも簡単にできるという甘い宣伝文言で勧誘していますが、借金して一度に多額の取引を行なうことは、博打を打つという本質においてまったく異なるものではありません。

それなのに平気で、しかもかなり大胆に借入をして、ＦＸで大博打を張っている人が大勢いることには正直驚かされます。

ただ持っているだけで利益を生んでいく土地の本質

株は売ってなんぼの世界です。配当といっても大きな配当を享受できるわけでもありません。会社が倒産でもしようものなら、本当に紙くずになります。

金《きん》もよく資産として投資対象となるものですが、金は持っているだけなら、ただの「鉱物」にすぎません。

金を持っているだけで、あるいは眺めているだけで幸せな気持ちになれる人は少ないですし、仮に金を眺めてニンマリできたとしても、幸せなのはその金を持っている人だけです。

株式や為替取引が、結局のところ売買することによってしか大きな収益が得られない一過性の存在であるのに比べて、土地は価値の「再生産」を通じて未来永劫私たちに利益や効用をもたらしてくれる貴重な資産だと思っています。

農地だったら、大事に稲を育てれば稲穂がつき、われわれの食卓を彩《いろど》ってくれます。工場なら素晴らしい工業製品が毎日生まれます。ショッピングモールではさまざまな商品が売られ、オフィスでは人が集《つど》い、働きます。マンションには日々の生活とそれを支える家族の笑顔があります。土地の持つ本質的な価値とは、「地価」とは関係なく、土地が私たちに提供してくれる効用にあるのです。

地価こそが土地の実力だと考える人も多いようですが、地価とはその時点での土地に対する需給関係を表わすパラメータにすぎません。

なぜなら、世の中には２つとして同じ土地は存在しないからです。

たとえば、東京の銀座の一等地に並ぶ、路線価がほぼ同じ２つの土地であっても、それぞれ違いがあります。

間口が広い土地であれば、大型の商業施設が入るのには都合がよいかもしれませんし、間口は狭くても奥行きがある土地でしたらレストランなどの飲食店に向いているかもしれません。同じような立地でも形はさまざま、また隣りに何があるかによっても大きく影響されてきます。

隣りにソープランドのある土地でマンションを建築、分譲するのは避けたいですよね。シティホテルも厳しいでしょう。

逆に有名ブランド店が軒《のき》を連ねる土地であれば、同様の高級ブランドを誘致すれば、相乗効果が出て、テナントも喜ぶことでしょう。

このように土地にはその土地にしかない個性があり、私たちにさまざまな活用の可能性を提供してくれます。

だから地価というものは、多大の借金をして土地を買い、その土地の値段が上がるのを待っている一部のギャンブラーたちが一喜一憂するものであって、土地を持つ人＝地主にとっては地価の上がり下がりは本質的に意味がないのです。

土地の持つ本当の価値とは

土地は同時に土地を持っていない人にも価値を提供します。

土地の上で商売をする人、ただ佇《たたず》む人、休息をとる人にとっても、土地は自らの効用を提供してくれます。宝石や為替の上に腰かけることはできませんが、土地は腰をおろす場所も提供してくれます。土地はあらゆる人を受け入れてくれるのです。

このように、売らなくても高い利益を得られるのが土地の本質です。ところが多くの人は、土地を株式や債券あるいは為替のように、「売却」をフィニッシュと考えるから、地価が下がると悩んだり、叫んだりしてしまうのです。

土地を「売る」ものと考えずに、活用しようと考えると、だいぶ違ったものが見えてくるはずです。何も無理して売らなくても土地からは高い利益が生まれるのです。

世の中の多くの人は、土地を買う際に、多額の借金をしたり、利回り目標やノルマを設けてしまい、これを売ること＝処分することで利益を狙うので、土地を扱うことがつらくなるのです。

土地は不良債権化したものであっても、その存在と効用が変わることはありません。不良債権化した、というとなんだか価値が落ちたように思われる人が多いと思いますが、会社自体の価値が落ちるという意味ならば、そのとおりだとしても、担保となっている土地そのものの価値が落ちたというわけではありません。

不良債権化した土地をもっとも憎んでいるのは、この土地を担保に債務者に多額のお金を貸してしまった金融機関でしょう。

自分たちの融資としての失敗はさておき、彼らはあたかも担保に取った土地が悪い＝不良だと断じますが、彼らの勝手な理屈だと思います。不良のレッテルを貼られたところでその土地の持つ本質的な価値＝効用はなんら変わるものではないからです。

土地の持つ本来的な価値が何も変わっていないからこそ、よくしたもので、バブル崩壊で不良化した（と金融機関が考える）土地が出ると、必ずこれを商売にする人たちが現われるのです。

平成バブルの崩壊のときに、この不良債権を金融機関から安く買ったのが、ハゲタカ外資でした。彼らが「買い漁る」というのは、土地そのものの買い入れというよりも、金融機関が失敗してしまった「不良債権」という債権、つまり土地にひっついた虫を取るような作業です。

彼らが行なっている不良債権の買い取りというのは、その場その時点で、ただ「適正」といわれている価値から自分たちのリスクプレミアムを控除して買っているのにすぎないのであって、実際の価格（これもこの時点というただし書きつきですが）よりも安く買って、即時に高く売り抜けるマネーゲームに興《きょう》じていることに変わりはありません。

しかし、この行為は土地の持つ価値を貶《おとし》めるものではなく、土地という対象をめぐって彼らが勝手に「お祭り」を開催して、儲けているにすぎないのです。

土地の持つ本当の価値を見極め、あえてギャンブルをするのなら、慎重にマーケットのサイクルを読むことです。またたとえサイクルをはずしたとしても、他の投資対象にはない効用をしっかりと享受しながら長くつきあうことが、土地と向き合う本来の姿勢なのではないかと思います。

第3章

なぜ、町の不動産屋はつぶれないのか？

ある不動産屋の一日

前章では不動産をすぐに儲かる道具として売買を繰り返すギャンブルの視点でとらえている人たちと、その実態についてお話ししてきました。その一方で、冒頭でもご紹介した町の不動産屋とは、どんなタイプの人たちで、どんな仕事をしているのでしょうか。

私の知っている町の多くの不動産屋に共通して見られる、ごく一般的な日常はこんな感じです。

都市近郊にあるD不動産は、社員5名ほどの、どこにでもある不動産屋。

C子さんはバブル崩壊後の就職氷河期に学校を卒業、正規の就職先がなかなか見つからないまま、派遣社員や契約社員としていくつかの会社を渡り歩きました。このままではちゃんとした技術も身に付かないし、今後の人生を考えて、もう少し安定した会社に就職したいと思い、一念発起。

宅地建物取引主任者の資格をとって、不動産関係の仕事に就《つ》こうと考えました。

努力のかいがあって念願の宅地建物取引主任者の試験に合格、知人の紹介で地元の不動産会社であるD不動産に正社員として就職が決まりました。

C子さんは期待に胸を膨らませて入社したのですが、最初に言いつけられた仕事が社長の運転手。社長は小柄ですが実に精力的な人で、C子さんが運転する車で市内のあらゆるところに出かけていきます。

この社長の日常は、およそ次のようなものでした。朝一番に、町で多くの不動産を所有しているオーナーのところに行き、世間話をたっぷり1時間。その後、町内会の役員さんのお宅に顔を出し、来月行なわれる町のお祭りの相談。昼食後は郊外の土地を見に出かけ、売り手側の業者と雑談。それが終わると、別の不動産屋に立ち寄ってここでも雑談。帰りにゴルフショップに寄って、週末の業者とのゴルフのために手袋とボールを買います。夕方からはロータリークラブの会合です。C子さんが見るに、この社長、仕事をしているというよりも、仕事のほとんどが情報交換という名の雑談です。

C子さんが内勤の日も、D不動産にやってくる人たちは、一般のお客さんではなく、地元の不動産屋ばかりです。それもちゃんとした不動産会社の社員は皆無、みな中高年で、一人で不動産屋をやっているような人ばかりです。

このおじさんたちも、本気で仕事をしているようには見えません。会社にやってくると、社長や社員不在でもおかまいなし。勝手にソファに座って、

「C子ちゃん、お茶」

棚から新聞や雑誌を出してきて、ずっと座りこんで寛《くつろ》いでいます。社員が外回りから戻ってくれば、その社員相手に雑談。そのうちに別の不動産屋もふらりとやってきて、前日の野球の話、天気の話と、まるで町内の暇なお年寄りの寄り合いのようで、まったく席を立つ様子がありません。

このように一日がゆっくり流れていくような状況が毎日続くことに不安になったC子さんは、ある日、車中で社長にこっそりと聞きました。

「社長、ウチの会社って、どうやって成り立っているのですか」

すると社長はパタパタと扇子であおぎながら、こう言いました。

「ははは、不動産はね、あせったらいかんよ。そのうち、そのうちね」

そのうちって、いつなのよ。C子さんは社長のこの言葉を聞いても、D不動産がどうして会社として存続しているのかさっぱりわからず首をひねるばかりでした。

町の「おじさん不動産屋」はつぶれない

このD不動産は、何をやって生きているのでしょうか。傍目《はため》には、C子さんが感じたように、あまり一生懸命仕事をしているようにも見えません。

社長のやっていることといえば、町内会やロータリークラブのお手伝いのようなことばかりだし、社員は町のほかの不動産屋、しかも少しくたびれてしまったようなおじさん相手に雑談するばかりです。

先にお話ししたギャンブラー、つまりど派手で、金のブレスレットや腕輪をはめたような典型的な不動産屋はあまり出入りしてはいないようです。それにしても、ここに登場するおじさんたちは何の目的でお茶を飲んだり、テレビで高校野球を見たりしているのでしょうか。

普通の会社であれば、社長が毎日ほとんど仕事らしい仕事もしないで、町中をぶらぶらしていたら、早晩従業員にも給与を払えなくなって、会社がつぶれてしまうのは目に見えていますが、D不動産については、必ずしも景気が良いとはいえないものの、つぶれそう、などという話は一度も聞いたことがありません。

同じ不動産業界でも、マンション分譲業者や「土地ころがし」と言われている地上げ業者はバブル崩壊で瀕死の状況になっている一方で、この町の不動産屋にはこれらの騒ぎとは無縁の穏《おだ》やかな空気が流れています。

同じ不動産業なのに、彼らはなぜつぶれたりしないのでしょうか。

まず、このD不動産に登場する、なぞのおじさんたちの存在についてお話ししましょう。

この人たちはいわゆる仲介業者、と呼ばれる人たちです。仲介業といっても、大手の不動産販売会社と異《こと》なり、一人で業を営んでいる人たちで、町中の不動産にまつわる情報を拾って歩いて生きています。

不動産の仲介をするには宅地建物取引業として登録しなければなりませんが、業者として認定されると、物件売買を仲介する際に、買い手、売り手の双方からそれぞれ3%程度の手数料を得ることができます。

たった3%といっても、不動産は1件あたりで扱う金額がほかの商品に比べるとはるかに大きな金額ですので、たとえば4000万円の土地の売り手側の仲介を、専属で取り扱うことができれば、120万円くらいの収入となります。売りと買いを一人でできれば、合計6%、240万円の収入になるわけです。

おじさんたちは、この物件売買の仲介に入りたくて町中をうろうろ歩きまわっているのです。そして雑談の中でぽろっと出てくる不動産の売買の話を捕《とら》まえては、その不動産を買ってくれる、あるいは売ってくれるような相手方を探して歩いているのです。

しかし、毎日回っていても、そうそう世の中にうまい話ばかりがころがっているわけではありません。俗に不動産業界では、この売買案件の仲介について、「せんみつ」という言葉を使います。つまり、１０００件くらいの売買案件を取り扱ってやっと3件くらいの成約があるという意味です。

おじさんたちは一人でやっているので、1年間通しで4、5件も取れればなんとか生活ができるわけです。ただし、従業員を雇ってしまったりすれば給料を払わなくてはなりませんし、オフィスなどの固定費もかかってしまいます。彼らはこうした無駄な経費を省くために、自分のオフィスは持たずに、さりとて自宅にばかりいたのでは奥さんに嫌な顔をされますので、町に出て、さまざまな人たちとの交流・雑談を通じて、商売の種《たね》を見つけ出そうとしているのです。

彼らの雑談は、ただの雑談ではなく、仕事を取るための潤滑油となるコミュニケーションなのです。たとえば、自分のところに土地を売りたいお客さんがいれば、これを買ってくれそうな町の大地主の家に行って、

「旦那さん、いい土地が出ましたよ。二度と出ない掘り出し物ですよ」

と、いつもの決まり文句で迫るのですが、大地主といえどもいつでも買ってくれるという

わけではありませんので、だめならその足で、知り合いの業者のところに行きます。

その業者が、「買い」のお客さんを持っていれば、ここで話をつなげることが可能となります。彼らが独自に築く情報網がいざというときに役立つわけです。

電話一本ですむ話じゃないか、と思う人もいるでしょう。しかし、不動産屋の世界はひじょうにドメスティックでウェットな世界です。誰よりも義理人情を大切にし、日々の交流を深めておかないと、小さな町の中で生き残ってはいけません。

彼らは日々、自らの情報アンテナを張り巡らしていますが、たとえば町でめったにない大型の取引があるときなどは大変なことになります。

買主、売主を直接知っていればもちろん、知らなくても物件を知ってさえいれば、

「その物件情報は、自分が取扱業者に口をきいたことがある」

「自分が売主に昔持っていったことがある」

などと、あらゆる屁理屈《へりくつ》をつけて、本件についての仲介業者の一人に加わろうとします。

業界ではこうした業者のことを、売りと買いの間に挟まろうとすることから「アンコ業者」などと呼びますが、3%の取引手数料のうちの一部でも取って、自らの生計の足しにしようとするわけです。

したがって、実際の契約締結の場になると、取扱業者が7社も8社も出てきたりする珍妙な光景も、不動産仲介の世界ではよく見られることです。

こうしたときのために、彼らは自宅で椅子に座っていることはせずに、常にいろいろな人と直接会って、無駄話でも何でもよいから、とにかくコミュニケーションを取っておこうとするのです。

D不動産の社長としても、こうして会社に「おひとり様業者」を出入りさせておけば、ときおり良い情報が舞い込むことがあるので、勝手にお茶を飲み、会社のテレビで高校野球を見ていても、好きにさせているのです。

町の不動産屋の仕事

さて、おひとり様業者はさておき、社員まで雇っているD不動産の日常業務は何をやっているのでしょう。

彼らの日々の収入は、町内にあるマンションやアパート、駐車場の管理が主なものです。

マンションやアパートでは日々生じるさまざまなトラブルに対処します。ちょっとした機器の故障などの設備のチェックから共用部や給水タンクなどの清掃、住民間のトラブルの処理など、その業務は多岐にわたります。ただ、彼らが直接扱う業務はあまりなく、管理物件で日々生じる「すべった、ころんだ」の部分は、一時的に連絡を受けた内容をふまえて、それぞれの専門業者に指示を与える役割を果たしています。

ただし、これらの管理に伴う収入はあまり多額のものではありません。せいぜい大家の家賃収入の数%程度が一般的です。それでいて、細かなトラブルはしょっちゅう起こりますので、あまり採算の良いビジネスとはいえません。

彼らの収入を支えるもう一つの業務が借家人やテナントの入れ替わりに伴う手数料ビジネスです。町内にはさまざまな店舗やオフィスがあります。特に物販や飲食などの商業店舗は比較的移り変わりが激しい業種ですので、ちょっと流行《はや》ったレストランでも5年以上続くお店は少なく、テナントの入れ替えは頻々《ひんぴん》に生じます。

またマンションやアパートなどの住居系でも、春や秋には卒業や転勤などで借家人の入れ替えが多くなります。

彼らはテナントや借家人が出ていくときの、原状復旧作業（テナントが入る前の貸室の状況に戻すこと）の差配から、解約手続きの処理、新規のテナントや借家人の誘致などに活躍します。そして、新規のテナントや借家人を誘致したときには通常家賃の1カ月分が彼らの取り分となります。

駐車場の場合も仕組みはまったく同じです。もっとも、建物がありませんので、テナントの退去に伴う原状復旧の手伝いや新規テナントが入居する際の入居工事の斡旋《あっせん》などに伴うまみはありませんが、一方で利用者同士のトラブルなども少ないので管理は比較的ラクともいえます。

また、解約ではなく、契約を更新する場合には、テナントや借家人から更新料を取りますので、この手続きを代行することで、通常の更新料1カ月分の半分、0・5カ月分を収受するのが一般的です。この契約更新はおよそ2年程度で発生しますので、これもちょっとした収入になるわけです。

これらが彼らの基礎となる収入です。D不動産でも、町中のマンション、アパート、店舗、小型のオフィスや駐車場などを管理することで、管理報酬を得、これらの施設のテナントの入れ替えや契約の更新で、仲介報酬や手続き料を加えることで、社員を雇い、オフィスを構えることができているのです。

これらの業務を毎日地道に積み上げて生きているのが、町の不動産屋です。不動産の管理運営業務とは、このように派手な部分はまったくない、毎日コツコツと日常の仕事をこなしていくことが主体となります。C子さんが入社当初想像していた、はつらつとした会社のイメージとは程遠いかもしれませんが、着実に収益を上げていく農耕民族系の仕事なのです。

D不動産の社長は毎日いろいろな人と会い、会話する中で、新しい管理物件を受託するチャンスを探して歩き回っていたのです。

これらのインフラ収入は着実ではありますが、社長が毎日どんなに動き回ったところで、市内でそんなに新しい物件が続々建設されるようなことはありません。収入を伸ばし、会社を成長させるには限界があります。

そこで彼らが狙うもう一つの仕事が、売買物件の仲介業務ということになります。売買に伴う手数料は先に触れたとおり、売買金額の約3％程度となりますので、これらの仲介業務はおいしい仕事となります。

ただ、仲介業務はいわゆる「せんみつ」の世界です。こればかりを会社で追いかけていたのではいったいいつになれば売上が立つのか、見当もつきません。そこで、とりあえず入手した売買物件の情報は、店頭のガラス面にペタペタと貼り付けて、万が一、通りがかりの人が気にいって、お店の扉を開けてくれればラッキーだし、勝手にやってくる「おひとり様不動産屋」のおじさんたちが良い客を連れてくるかもしれません。こうして、獲物がかかるように蜘蛛《くも》の巣をきちんと張っておいて、あとはじっくりと待つ、これが彼らの仲介業務です。

成約すればまとまった金額になりますので、これらは臨時収入として、従業員の特別ボーナスにもなりますし、自社で土地を買って運用するための資金にもなるわけです。

日常のインフラ収入を確実に稼ぎながら、物件の売買というたまに発生するイベントでまとまったお金を得る、これが町の不動産屋の真骨頂なのです。

町の不動産屋が大事にするもの

このように町の不動産屋は、町内にある不動産をネタに、長年にわたり地道な商売をやっています。テレビドラマに登場するような、性悪でゴロツキのような人たちはいません。

彼らが商売の対象とする地域はとても狭いので、いったん悪い評判をとってしまうと取り返しのつかないこととなってしまいます。不動産はいちどきに動く金額が大きいので、目先の利益に目がくらんで、ときにインチキをやったり、ごまかして多額の利益をかすめとろうなどという誘惑にも駆《か》られやすいものです。けれども狭い地域の中で、長く商売をやろうとする地元不動産屋にとっては、地域における不動産にまつわるあらゆる情報にアクセスするためにも、地道に堅実に仕事をすることを通じて築く人間関係がとても大切になってくるのです。

そのために町の不動産屋は地域のお世話係として、いろいろな場面で登場し、地域活動の推進役としての役割を果たしています。

町内会はもとより、地元の有力者が集まるロータリーやライオンズクラブのお世話などは基本中の基本です。地元のお祭り、花火大会への協賛、市議会議員選挙や衆議院議員選挙などのイベントは、彼らにとってはお祭りです。なぜなら、一時に大勢の人と知り合いになる大チャンスだからです。

こうした活動を通じて築いた人間関係を武器に、地元の資産家、富裕層の持つマンションやアパート、駐車場などの管理業務を獲得し、安定した報酬を確保していきます。

こうした人間関係が最大限に発揮されるイベントが、もう一つあります。

それが相続です。縁起でもない話ですが、相続の発生は町の不動産屋にとっては一大イベントです。どんな資産家や富裕層でも、人間であるかぎり必ず相続は生じます。そして、日本の厳しい相続税の制度により、税金の支払いなどのために、彼らが持っていた土地の一部は売却されたり、一部は有効活用して事業用のマンションやアパートにされたりします。

したがって地元の有力者が亡《な》くなったときなどは、地元の不動産屋はあらゆるお手伝いに走り回ります。日頃から懇意にし、マンションやアパートの管理業務を地道にこなしてきたことが、こういったイベントの発生時には絶大な効力を発生させるのです。

また、亡くなられた有力者には生前から、相続対策などで、地元の税理士、会計士、弁護士などを紹介したり、彼らも含めて懇親ゴルフなどを頻々《ひんぴん》に行なってきていますので、こういった努力が、いざというときに役立つわけです。

大きな相続の発生で、広い土地を売却しなくてはならないときなどは、地元の工務店などの開発業者とも日頃からつきあっておけば、開発後の分譲業務などを獲得できる可能性も出てきます。

個人だけではありません。町の中小企業のオーナーとのおつきあいも大事です。会社自体では相続は発生しませんが、会社は、新しい工場用地を探したり、社員寮を建設したりします。また、オーナーが歳《とし》をとれば、必ず発生するのが事業承継問題です。

事業承継がうまくいけばよいのですが、息子や娘に継ぐ意思がなく、これを機《き》に事業をたたんでしまうケースもよく見られます。そうなると、事務所は取り壊して、賃貸マンションを建てたり、売却して清算してしまうなどで、土地が動き出すこととなります。これも町の不動産屋にとってはイベントとなります。

公示地価の値下がりだとかリーマンショックによる景気の悪化などというものは、雑談のネタにこそなれ、仕事に直接的な影響を及ぼすものではありません。

それよりも、日頃の緊密な人間関係をあらゆる場を使って深めたり、町の情報のすべてを集めて、いざというときに動く。このために日々を地道に生きているのです。

町の不動産屋にとって大切なものは、不動産にかかわる人たちとの人間関係そのものです。だから、町内会のお祭りにはハッピを着て一緒になって踊り、町の神社には欠かさずに寄付をし、町の資産家とのゴルフを定期的に取り持ち、ロータリーやライオンズクラブでは名士のおじいさんたちの昔話にも笑顔でずっとつきあうのです。

町の不動産屋はつぶれない

今まで見てきたように、町の不動産屋は、世間一般で思われているような不動産屋のイメージとはだいぶ異なる人たちです。前回の平成バブルの崩壊や、今回のミニバブルの崩壊で、多くの不動産業者が倒産したはずなのですが、町の不動産屋はそのリストに名を連ねているでしょうか。

もうおわかりだと思いますが、彼らはつぶれるわけがないのです。なぜなら、つぶれる最大の原因である借金に頼ることが基本的にはないからです。

不動産を構成する世界が、「ギャンブラー」と「大家」という2つの側面からなりたつものとすれば、町の不動産屋は、基本は大家の手伝いをしながら、ときおり不動産の仲介業務を通じて手数料を収受することが仕事だからです。

自分で土地を売買したり、あるいはマンションの分譲をしたりしないので、彼らには基本的に借金をする必要がないのです。

町の不動産屋が地元の不動産を買い漁《あさ》るという話も、ほとんど聞きません。たまに相続物件を買い取って転売することはありますが、規模は小さなものですし、転売確実なものにしか彼らは手を出しません。

また、日々の管理報酬で生きていけるだけの人員しか雇うことをせず、事務所も駅前とはいっても、商店街のはずれのほうのごく小さなスペースを借りているだけですから、固定費はきわめて小さな額です。

結局彼らの仕事は借金とは基本的に無縁であり、手数料収入を基盤とした手堅いビジネスを行なっています。だから大きく儲けることも少ないかわりに、つぶれることもないのです。

「相場を張らない不動産ビジネス」――それが町の不動産屋です。

町の不動産屋は情報の宝庫

町の不動産屋は小さな町内を基盤にして、手堅い商売をやっていることを説明してきましたが、一般の方が地元の不動産屋を訪ねることはほとんどありません。彼らのやっている商売の内容がよく認知されていないからです。

しかし、地元の状況を一番熟知し、しかも性悪なギャンブラーの仕事もしていない彼らは、実は不動産を所有し、運営していくにあたっての最良のパートナーです。

たとえば、あなたが自宅を探していて、住んでみたい気に入ったエリアがあったとします。普通であれば、そのエリアでマンションや戸建て住宅がどの会社からいつ、分譲される予定であるのかをチラシや雑誌、ネットなどから検索しながら情報を集めるのが、最初の行動であろうかと思います。

中古の住宅を探す場合でも、まずは大手の住宅流通業者のネット情報を検索したりするのが一般的でしょう。

でもその前に、一度ぜひ、その町に存する「町の不動産屋」を訪ねてみることをお勧めします。

地元を知るには、地元の、町の不動産屋を利用することは理に適《かな》った方法なのです。彼らは地元を熟知し、地域内での相場も肌身で感じ、地域の発展の歴史も今後の開発の動向についても、大手不動産会社のチェーン店などがなかなか押さえきれない豊富な情報を持っています。

知人のSさんが、こんな話をしてくれたことがあります。彼は自宅を探すのにあたって、大手不動産会社が分譲している人気の住宅地に申し込み、高い競争率を乗り越えて見事当選、家族ともども喜んでその住宅地の住民となりました。

ところが、お子さんが大きくなって、小学校に進むときに問題が起こりました。同じ町名の住宅地なのですが、実は1、2丁目と3、4丁目では小中学校の学校区が異《こと》なっていたのです。

1、2丁目の小中学校は、今回の開発で新しく設置された学校だったために、通ってくる児童はこの住宅地に新しく入ってきた子供たちが中心で、子供同士のトラブルも少なかったのですが、3、4丁目の児童が通う小学校や卒業後に通う中学校は、以前から学校内での旧住民と新住民の子供同士のトラブルも多く、地元住民の間であまり評判のよろしくない学校だったそうです。

同じ町内の住宅地で、まったく教育環境が異なるなどとは、購入前には想像もできなかったとSさんは嘆《なげ》き、中学校は無理してでも私立中学を受験させることを考えているとのことでした。

この話を、私の知り合いである地元の不動産屋にしてみたところ、彼は笑いながら、

「そんなこと、大手不動産会社は説明しないよね。どちらも同じブランドで売りたいからね。でも1、2丁目と3、4丁目は実は昔は違う町名で、環境も雰囲気もずいぶんと違うところだったんだよ。それを同じ住宅地名として売っているので実は驚いていたんだよね」

と言いました。

地元の不動産屋を訪ねて、少しでも相談していれば、Sさんの失敗は防げたかもしれないのです。

同様の事例は、実は枚挙にいとまがありません。駅を挟んで西側は栄えているけど、東側はさっぱりとか、代々の市長は駅の南側の地域からしか選出されないとか、その町にはそれぞれいろいろな伝統や慣習のようなものがあります。

大手の分譲マンションなどでは、こうした立地の不利をカバーするために、なるべく聞こえのよい地名をマンション名に冠するようにしています。

「湘南」ブランドがいいとなれば、どんなに内陸で海から遠くても「湘南○○」などと、地名の前に湘南というブランド名を冠するような事例がよくあります。

ほとんど笑い話ですが、「軽井沢」という名がついたリゾートマンションがどんどん増殖して、群馬県に入っても「軽井沢東」とか「軽井沢南」などの名称がついているという実態があります。今に関越道の入り口のマンションが「○○マンション軽井沢入口」になるのではないか、などと言った噂まで出るのがこの業界です。

売らんかな、の大手不動産会社の情報だけで判断するのではなく、物件を選ぶ際には、ぜひ地元の不動産屋を訪ねて、お茶でも飲みながらゆったり雑談をすると、大手の宣伝文句からでは知りえないその地域の実情を聞き出すことができるかもしれません。

町の不動産屋がつきあう人たち

先ほども申し上げたとおり、町の不動産屋は地元に密着した商売が基本です。彼らは地元で不動産を持つ人たちをとても大切にしています。

したがって、あなたが、自宅であれ、投資用物件であれ、町の一員として加わってくれることを知ると、とても丁寧に応対するはずです。なぜなら、あなたに変な物件を買わせて、地元に悪い評判を立ててもらいたくはないからです。

あなたが投資用物件を買う際に、物件購入価格の全額を賄《まかな》うだけの自己資金がなければ、地元の信用金庫や信用組合を斡旋《あっせん》してくれるのも彼らです。物件を買ったあとの管理業務を任せることさえ約束すれば、彼らは一生懸命良い物件を探してきてくれるでしょう。

このようにして地元の不動産屋と仲良くなれば、次に良い物件が出てきたときにはあなたのところにこっそりとやってきて耳元でささやくはずです。

「旦那さん、いい物件ありますよ。二度と出ないようないい物件です」

おなじみの決まり文句ですね。

それでは、町の不動産屋が大切にしている、町で不動産を所有している人たちというのは実際にはどんな人たちなのでしょうか。

けっしてギャンブラーのように相場を張っている人たちではなく、町中にひっそりと暮らし、自らの持つマンションやビルなどを町の不動産屋に管理を任せている、地味な存在の人たちです。

町の不動産屋が、世間一般の不動産屋のイメージとはまったくかけ離れた人たちであるのと同様に、町の不動産を所有している人たちも、世の中の阿鼻叫喚《あびきょうかん》とは無縁の穏やかな空気の中で生きている人たちです。

なぜ、彼らは穏やかなのでしょうか。また、そういった人たちにどうやったら仲間入りできるのでしょうか。

しょせん地主は、代々受け継がれてきた最初からの資産持ちだからだと、勝手に思っていませんか。

実は、あなたにも仲間入りするチャンスはいくらでもあるのです。サラリーマンにも無縁の世界ではないのです。

次章では普通のサラリーマンでも大家さんになれる、そのための処方箋をお話ししましょう。

第4章

「サラリーマン大家さん」のススメ

あなたの周りにもいる「不動産でラクラク」な勤め人

昔は植木等さんが歌って踊った「気楽な稼業」のいい職業がサラリーマンでしたが、最近はそうでもありません。会社同士の合併など当たり前、社内の昇格にも試験があったり、上司にゴマをするだけではなかなか思うような出世もなく、プレッシャーばかりでさびしい人生を送るサラリーマンが増えているようです。

そんな熾烈《しれつ》な出世競争に明け暮れる会社の中で、お気づきになりませんか。ひとり、ひたすらマイペースに日々を過ごしているおじさんがいることを。

会社には定時にちゃんと出社する。そのかわり、あまり残業もせずに5時を過ぎると、

「みなさん、おつかれさまでした」

と挨拶をして、さっさと帰ってしまう。滅多なことでは飲みにも出かけない。

当然のことですが、会社内ではあまり出世はしない。でも何か失敗をしでかしているわけでもないので、降格などのお咎《とが》めを受けることもない。そんな「そこそこ」の会社生活を送っているおじさんが多くの会社に棲息しています。

このような平凡なサラリーマンに見える人の中に、「サラリーマン大家さん」がきっといるのです。

彼らが買うのはたいてい賃貸マンションです。中には賃貸オフィスビルを所有している人もいますが、普通のサラリーマンの給与の範囲でしたらワンルームマンションが一般的です。

もちろん、最初からワンルームを全額賄《まかな》うだけの貯金はありませんので、頭金程度にしてあとはローンを組みます。ローンの金利部分は一定限度を所得から控除ができますので、毎年ちゃんと確定申告をして、所得税の還付を受けています。

サラリーマンは年末に年末調整を受けて所得の申告をしないですむのが普通ですが、しないですむ、ということは関心がなくなるということと同義で、唯々諾々《いいだくだく》と税金を納めるのが普通のサラリーマンです。

これに対して、サラリーマン大家さんは購入したワンルームマンションを事業用の賃貸資産として確定申告をし、部屋の維持にかかった費用であるローン金利などを所得から差し引いて、手取りの収入を増やしているのです。

一生懸命働いて、出世競争に勝ち抜いて地位と名誉、そして高額の報酬を得よう、と頑張るサラリーマンは多いのですが、最後まで出世を貫ける幸せな人はごくわずかで、その他の多くのサラリーマンが、結局は出世競争という舞台での敗者となってしまいます。

多少人よりも早く部長に昇進したとしても、同期であまり出世しない人との年収の差なんて、日本の多くの会社ではほとんどないのが実情です。

自分の実力に対する「思い込み」と仕事の上での「運の良さ」に人生を賭けて出世を目指してぼろぼろになるよりも、「実質的」に生きよう、というのがサラリーマン大家さんの考え方です。

もうおわかりでしょう。出世を重視しないのなら、遅くまで働く動機もないし、そりの合わない上司におべんちゃらを言わずにすむし、ましてや毎晩、居酒屋で時間を費やす必要もないのです。気楽に暮らして、しっかり蓄財。これほど合理的な生き方はありません。

サラリーマン大家さんになるための心構え

では、サラリーマン大家さんになるには、具体的にどのようにしたらよいのでしょうか。

サラリーマン大家さんの鑑《かがみ》のような、私の知人で関西出身のNさんを例にして見ていきましょう。

①自分の家にお金をかけない

ただでさえ、つましいサラリーマンの給与です。出世であくせくしていないので、同僚とは同じか少し下回る分くらいの額です。大切にしましょう。一番の敵は住宅ローンです。自分の家はただ住んでいても、家賃収入があるわけではありません。家族のために大きな家を買ったところで、子供が独立すれば、残された夫婦には広すぎる。空き部屋を他人に貸す場合でも、今まで住宅ローンで払ってきた負担からすれば、投資対効果はあまりに不十分です。

まずは、あるはずの退職金をアテにして返済しつづける住宅ローンの呪縛から解放されることです。そこで浮いたお金を投資に回すのです。

Nさんは、夫婦と大学生のお子さんを筆頭に3人の子供の5人家族で、賃貸マンションを十数軒お持ちですが、自宅は約17坪（56㎡）の古いマンションです。

②会社で金を使わない

出世を目指していないので、会社のためにお金を使う必要はありません。同僚や上司との飲食は、周《まわ》りが奢《おご》ってくれる場合を除いてなるべく行かないことです。

どうしても行かなければならないときはせめて割り勘にしましょう。へたな見栄を張る必

要はありません。相手だって、

「このおっさん、出世しないよね」

とわかっていますので、奢られなくてもたいして気にしません。二次会なんてもってのほかです。

Nさんは、たまに一緒にご飯を食べる機会があっても、当然奢ってくれたりはしません。酒を飲むときは、きっちり熱燗2本と決めています。しかも一番安い銘柄しか頼みません。私がビールを注文すると、

「もったいない、ビールなんてアルコール度数が低くて不経済やねん。なんでそないなもの飲むのん」

と叱られます。おつまみはいつも冷奴にちくわ2本です。それ以上頼もうとすると、ちょっと不機嫌になり、

「そんなにいっぱい頼むから太るんだよ。あんたが頼んだ分は自分で払ってね」

と必ず言い添える、おそるべき人です。ちなみにNさんは本当にスリムです。食べ物にもお金をかけていないことがよくわかります。

③のめりこむような趣味を持たない

会社人生に興味を持たないことを誓っても、ほかに金のかかる趣味を持っていては何にもなりません。

ゴルフなんていう、何の生産性もない趣味はやめたほうがよいのです。高価な道具、行き帰りの交通費、以前より安くなったとはいえバカ高いプレー代。しかもスコアが悪かったりすると気分まで悪くなる。精神衛生上もよくないことです。

なるべくお金をかけずに気分転換ができるという意味では、ジョギングなどは良いですね。身ひとつとシューズとウェアがあれば、ほかにお金はかかりません。痩《や》せて健康にもなります。

ただ、この趣味も「のめりこんで」しまうとやっかいです。ジョギングに飽き足らず、ホノルルマラソンを筆頭にあちらこちらのマラソン大会に遠征する、ランニングクラブに入って仲間とつきあい、酒を飲む、こうなるとやはりお金がかかります。

Nさんのもうひとつの趣味は読書です。でも彼はけっして単行本を買ったりはしません。流行りの経済本などは、会社人間ではないので必要がありません。名作文学本を図書館で借ります。人から借りることもあります。彼は人の話を聞くのがとても上手です。話を聞くのはただですから。

④生活の水準を変えない

少しお金が手に入ると、人間気が大きくなります。江戸っ子は「宵越しの金は持たない」などといばったそうですが、サラリーマン大家さんはその多くがきわめて質素な生活をしています。

Nさんはまず、服装にはまったく気を遣いません。出世をあきらめていますから、会社で気を張る必要はありません。ロードサイド店の「2着で1万9800円」などという品物で十分です。目立たない普通のおじさんであればよいのです。

外食は極力しません。家で食べるのが一番安いからです。自給自足の家庭菜園はかえってお金がかかります。それよりも会社を早めに出て、閉店間際のスーパーで安売りの魚や野菜を買うほうが賢明です。Nさんは食べ物にもこだわりが一切ありません。

旅行もよくありません。仕事はヒマですので、有給休暇は存分に使えますが、旅行はお金もたっぷり使ってしまう危険性があります。

どうしてもどこかに行きたいなら近隣を散策しましょう。歩くのは走るのと同様にタダです。健康にも良いです。渋滞の高速道路で排気ガスを撒《ま》き散らし、無駄な時間を過ごして金をばらまくよりも有意義で、夫婦の会話もはずみます。

子供の教育も見栄を張る必要はありません。公立の学校を十分に活用しましょう。幸い、今は少子化です。大学は全入の時代です。子供に投資するお金は効果があきらかに見込める場合は別として、本当に必要な範囲にとどめることです。

このようにして、まずはサラリーマン大家さんになるための心の準備をしましょう。なりたいものになるためには、それをやっている人のマネをすることです。野球でもサッカーでも、うまくなる人はみんな、憧れの人のマネをして成功します。

サラリーマンはどうしても一日のうち一定の時間、たとえば9時から5時までの間は、会社に身柄を拘束されます。サラリーマン大家になろうというのに、この時間を無為に過ごすことはもったいないと思われる人もいるでしょう。

しかし、この時間はちっとももったいなくありません。なぜなら、毎月確実に給料が口座に入ってくるのです。ただ、つつがなく過ごしてさえいれば、自動的に確実にお金になる時間なのです。

自営業の方や会社を興《おこ》された方ならばおわかりでしょうが、毎月定額のお金が黙っていても入ってくるという商売は世の中なかなかないものです。

その、毎月入ってくるお金が、サラリーマン大家さんの原資です。

原資をあまり無駄なもの、たとえば自分が住むだけのための高額な住宅ローンや飲食、趣味代などで減らさずに、極力サラリーマン大家になるための軍資金としましょう。

会社は毎月軍資金をくれるありがたいスポンサーだと、考えるのです。そう思えば多少嫌な上司がいたり、言うことを聞かない部下がいたとしても気にならないはずです。

買って育てて果実を取るのが、不動産の王道

地価は下がり続けています。そんな環境下でもサラリーマン大家さんたちはさして動揺することもなく着実に資産を積み上げ、地味ながらも堅実に生活しています。

彼らはめったなことでは土地を売ることはありません。

不動産で成功するコツは「土地は一度買ったら売らない」ということであることを、彼らはよく知っているからです。

土地が最高のリスクヘッジ商品であることは、昔から脈々と続く大家業の歴史を振り返っ

ても証明できます。大地主ほど「土地は売らない」ものなのです。

たとえば、三菱地所や三井不動産といった日本を代表する不動産会社を見ても、これらの会社は戦前からの長い歴史を通じて、ひたすら土地を買い続けてきた企業といえます。

三菱地所は岩崎弥太郎の時代から延々と、東京駅前の土地を購入して財産を蓄えてきました。言い換えれば、丸の内の大家さんとして、丸の内とともに発展してきたということです。東京駅の駅前、丸の内といえば今では超一等地ですが、少なくとも岩崎弥太郎が買い始めたときの東京の中心地は、何と言っても上野・浅草でした。町を整備し、魅力的な建物を建て、人を呼ぶ、これらの地道な努力で、三菱は丸の内という町を育ててきたのです。

不動産業界の中でよく、三菱地所はこんなに良い土地を前から持っていて羨《うらや》ましい、といった声を耳にしますが、私はむしろ、長い歴史の中で、よくぞ三菱地所はこれらの土地の多くを売らずに保有しつづけることができたな、と感心します。先人たちの大変な努力によって維持・発展してきたにちがいありません。

その丸の内については、容積率がアップした結果、すべての建物を建て替えることで、三菱地所はさらに莫大な収益機会を獲得できることになりました。

三菱地所が将来の容積率のアップを、最初から見越して購入したとは思えませんが、中長期に保有しつづけることで、結果的にさらなる大きな果実につながったのです。

一方、三井不動産は、日本橋の大旦那として日本橋の街の発展に尽力してきました。今でも毎年夏になると、神田川に架かる「日本橋」を町中の人たちと社員たちが一緒になって大掃除する姿がテレビなどで報道されています。町の中にしっかりと根づき、共に生きる姿勢がうかがえます。

このように、ただ土地を買うだけでなく、町を共に育てていこうという精神は土地のもつ潜在力を引き出す上で大変重要なことなのです。

仮に両社が、土地の価格が上がったという単純な理由でその土地を簡単に手放してしまっていたとしたなら、おそらく現在の2つの街の発展はなかったのではないでしょうか。

じっくり育てて果実を取るのが大家業の王道です。

みなさんもどうせなら、長い目で見た大家業の成功を目指そうではありませんか。

できる大家さんは暇な人

三菱や三井の話はわかるが、実際に私たちひとりひとりでは大きな資産を持てるわけではないし、話が大きすぎて大家業の実感がわかないとおっしゃる方もいると思います。

そこでここでは、あなたのすぐ近くにいる普通の大家さんの姿をご紹介しましょう。

私の知り合いのある大家さん、Kさんの話です。Kさんは当初はサラリーマンをやっていた人ですが、大家さんとしての才覚にすぐれ、次々と不動産を買い足し、サラリーマンを辞めて、とうとうビルのオーナー専業になってしまった人です。ここまでいくと大家さんとしてはかなりの成功者の部類といえましょう。

このKさんのところに仕事で伺うと、たいてい2時間近く、私はKさんの話し相手をさせられます。ですから、あとの予定が詰まっているときには、なるべくアポイントを入れないようにしているくらいです。

2時間も何の話をするかといえば、不動産の話なんてほとんどしません。彼はひじょうに慎重な性格なので、たまにしか不動産を買ってくれませんし、ましてや一度買った不動産は絶対に売らない人です。運用もほとんどを私たちのようなプロの運用者に任せていますので、基本的には不動産業に関する話は何もありません。

要するに暇なのです。だから時折顔を出す私が、恰好《かっこう》の話し相手となるのです。政治、経済、文化、趣味の話、なんでもよいのです。私もこうしてずっと話し相手をしていれば、たまに仕事になるかもしれない、くらいの気持ちでおつきあいしています。

いちどお宅に伺ったとき、珍しくKさんが留守だったのですが、玄関に出てきた奥さまは、

「すみませんね。犬の散歩に出てますのよ。今日5回目ですよ。いくら暇だからって、これでは犬も迷惑よね」

とおっしゃって笑いました。

これが成功している大家さんの姿です。

大家業をされている方の事業が順調であることの一つの証《あかし》が、この「暇」であることです。

なぜなら、大家さんが忙しく立ち回っているときというのは、大抵《たいてい》ろくでもない事態が生じているからです。

たとえば、テナントが退出したり、賃料が滞納されている場合とか、賃料の減額要請がきている場合など、テナントの「すべった、ころんだ」が起こっているときは、大家さんは忙しくなります。

建物の修繕や改築なども、忙しくなる一因です。追加のお金が必要となりますし、設計士や建設会社との打ち合わせ、テナントへの告知など、さまざまな仕事が発生します。

実際に運用を司《つかさど》っているプロの運用者にしても、社内では仕事が「暇になる」＝平穏無事な状態を指すことが多く、大家業という仕事はいかにヒマになれるかを目指すことが究極の目標ともいえるのかもしれません。

犬の散歩をすること以外、何もすることがない生活が、大家さんの目標なのです。

「不動産は利回りで買え」の誤解

それでは、実際に大家さんたちはどのようにして、「勝ち組」になれる不動産を見極めているのでしょうか。

巷《ちまた》の不動産投資の本を眺めると、必ず出てくるのが、

「不動産は利回りで買え」

というものです。

そして利回りの考え方が、「収益還元法」だとか「現在価値」「正味価値」「ＩＲＲ」「キャップレート」などといった小難しい単語で語られているものを数多く目にします。

では個人のみなさんが、不動産を買うにあたってこうした数値をこねくり回して正しい判断ができるのかといえば、必ずしもそうとは言えません。

私自身、数多くの土地あるいは不動産の売買を取り扱ってきましたが、たしかにこういった手法は取引を行なうにあたって、一つの判断材料にはなります。

ただ一方で、この手法ですべての判断を行なうことには限界があります。特に個人の方がこの方法のみにこだわって投資の判断をされることには、慎重であるべきと思っています。

収益還元法の考え方が日本でポピュラーとなったのは1990年代後半くらいのことですが、それまでは日本国内での不動産投資にあたっての主な判断の物差しは、「取引事例比較法」や「再調達原価法」といわれるものでした。

これらの物差しは読んで字のごとく、周辺で実際に行なわれた取引事例などを参考に時価を算出したり、建物を現状の建築単価で再建築した場合の費用などを土地代に上乗せして算出する手法です。それに対して「収益還元法」は、実際にこの不動産から計上される収益に対する期待値から不動産の価格を割り戻そうとするものでした。

このやり方は欧米では以前から比較的一般的な手法であったのですが、ビジネススクールに留学した日本のビジネスエリートたちなどが日本に持ち帰り、徐々に不動産取引でも使われるようになりました。

今まではともすれば丼《どんぶり》勘定での取引が主体であった不動産業界に大きな影響を与え、売却物件に対する精緻なレポート等の提出も含め、２０００年代になると大手の会社では、実際の購入の検討に必ず使われるようになりました。

こうして、個人の不動産投資にあたっても、この手法を使えば、損することなく物件が買える魔法の杖《つえ》であるかのように喧伝されることになったのです。

収益還元法による価格の算出

さて、この「収益還元法」の考え方ですが、少し具体的に説明しましょう。以下のような賃貸マンションの売却案件があったとします。この事例を場所や環境、あなたが気に入るか否《いな》かは、一切考慮せずに数字だけで考えてみましょう。

【例】賃貸マンションの事例
ワンルームマンション15戸（築15年）
現状の賃料　@10万円（戸当たり）
年間賃料収入　１８００万円（満室時想定）
諸経費　４５０万円（収入の25％）

ネット収入　　　　１３５０万円

このマンションをいくらで買えば「勝ち組」の投資になるのでしょうか。

「収益還元法」の考え方に基づけば、おおむね次のような理屈になります。

①このマンションに対する投資額に対して、あなたが欲する利回りはどのくらいか

あなたの手元に最終的に残るお金が何％なら、あなたは満足できるのでしょうか。５％くらい欲しいと思えば、５％で割り戻します。

１３５０万円÷５％＝２億７０００万円

つまり、２億７０００万円が投資額として必要になります。

②あなたは投資額を全額自己資金で賄《まかな》うか

あなたが欲した利回り5％が全額自己資金での購入であるならば、あとは2億７０００万円で売主がＯＫしてくれるかどうかです。ただし、

「そんなお金あるわけないじゃない」

とか、

「借入金の金利が所得から控除できるから、借入しなきゃ」

と思う人は、借入金を調達する必要がありますので、金利などの経費を考えておく必要があります。

投資額のうち約４割弱の１億円を借り入れたとしましょう。変動金利を３％として年間の金利費用は、

１億円×３％＝３００万円

金利分の支払いを行なった後に、あなたが受け取る収入は１０００万円強に減ることになりますね。ここから、借入金の元本の返済等に充当していくことになるのと、確定申告などで金利などの諸経費は一部所得から控除ができるので、税金の還付が受けられることになります。

また、あなたにこのマンションの購入を勧める営業マンは、こうも言うはずです。

「あなたが実際に用意したお金は、借入を引いた分の１億７０００万円です。この投資した金額に対して受け取る収入は、元本返済前では、６・17％になりますよ。おトクじゃないですか」

（1350万円—300万円）÷1億7000万円＝6・17％

これが借入金をすることによって得られる「レバレッジ（てこ）の効果」と呼ばれるものです。最初に2億7000万円をすべて自分のお金で用意するよりも借入金をすることで、表面的な利回りは高くなるというものです。

③投資するにあたってのリスクプレミアム

さて本当にこれだけの計算で、2億7000万円もの大金をこのマンションに投じてしまってよいのでしょうか。投資に対するリスクを検証する必要があります。

i）いつでも満室で運営できるか

賃貸マンションは通常、借り手とは2年契約です。今が満室でも今後、借り手の入れ替わりが頻繁に起こるようになると、稼働を常時100％に保つことが難しくなります。そこで平時の稼働率を90％程度にします。

すると年間の賃料収入は、

1350万円×90％＝1215万円

になります。

ⅱ）金利はいつでも3％か

業者は売ることしか考えていませんので、今の金利が未来永劫続くかのように説明します。しかし、金融情勢いかんによっては、中長期で金利はどんどん変動します。

ちなみに平成初期、長期プライムレートと呼ばれる、大企業向けに金融機関が提供する最優遇金利が6・9％の時代もありました。それが今では1％台ですから、「いつまでも続くと思うなよ、金利」です。

ということで、金利を4・5％くらいの負担にしておきましょう。

ⅲ）賃料は今後どうなるのか

経済が右肩上がりの時代、人々は、家賃は経済の成長に伴って未来永劫上昇するものだと信じていました。現在ではどうでしょうか。

残念ながら多くの賃貸マンションは、築年数が経過するほど賃料は下がる傾向にあります。

したがって、現在の1戸当たり10万円が今後も保たれる保証はどこにもありません。むしろ、今後は建物等の経年劣化に伴って、賃料は下がっていくことを覚悟したほうが賢明でしょう。

ということで賃料は平均で10%ほど下げて考えておきましょう。

iv）諸経費はずっと変わらないのか

現在は満室時の賃料収入の25%ほどの経費ですが、これからはどうなるのでしょうか。また経費にはならないものもありますが、建物が築15年を迎えますと建物の修繕や設備の更新などで、多くのお金がかかることも考えられます。

経費を27%くらいに増やしておきましょう。

これらを勘案すると、

年間賃料収入　@9万円／戸×15戸×90%×12カ月＝1458万円
年間経費　1800万円×27%＝486万円（満室時想定収入の27%）
ネット収入　1458万円―486万円＝972万円

満室時想定収入から単純に計算したネット収入に比べてリスクを勘案したところ、約378万円ほど「固め」に見ておく必要があることがわかりました。

さて、このネット収入をあなたの希望の利回り5％で換算しなおしてみましょう。

この物件の希望価格は、

972万円÷5％＝1億9440万円

となってしまいます。なんと、7000万円以上価格が低く出ました。つまり、あなたは2億7000万円などでは買ってはいけない。ぜひ1億9440万円で交渉すべきなのです。

ちなみに売主側が2億7000万円でビタ一文まけない、ということになると、

972万円÷2億7000万円＝3・6％

わずか3・6％の運用利回りということになってしまいます。

さらにもう一つの経費を思い出してください。金利です。

金利は経費にはなりますが、実際にかかってくるお金です。先ほどの計算では1億円に対して年間金利は450万円でした。これをネット収入から差し引いた、金利控除後のネット

収入は、

972万円－450万円＝522万円

となってしまいます。同様に金利控除後のネット利回りでは相手の言い値の2億7000万円で買ってしまいますと、実際に支払った自己資金分1億7000万円分に対しても、

522万円÷1億7000万円＝3・07％

になってしまいます。先ほどの6・18％からずいぶん悪化してしまいました。

数字というマジック

ここまでが、単純モデルによる収益還元法での考え方です。

実際にはこの数字を5年、あるいは10年の時間軸に伸ばして計算し、各年の数字を割引率で現在価値に引きなおす必要がありますが、ここでは省略します。

この収益還元法による価格決定理論は一見、正しそうに見えますが、本当にこれだけで2億円もの巨額の投資を決断してしまってよいのでしょうか。

まず、数字のマジックを見破ることから始めましょう。

先ほどの事例は一つの想定にすぎません。リスクはもっと大きな波となって襲いかかって

くるかもしれませんし、実はこんな心配は杞憂《きゆう》にすぎず、「結果オーライ」なのかもしれません。

【想定1】

たとえば、先ほどの物件について稼働率が70%、賃料が8万円、金利が6%になったとしましょう。

年間賃料収入	1008万円
年間経費	486万円
ネット収入	522万円
金利	600万円
ネット収入	▲78万円

大変な事態が生じてしまいます。

【想定2】

あなたの買った土地の周辺が再開発などで大人気になったとしましょう。稼働率は98%、賃料は2割アップして1戸あたり@12万円、金利は低金利政策の継続で2・5%だったとしましょう。

年間賃料収入	2116万8000円
年間経費	486万円
ネット収入	1630万8000円
金利	250万円
ネット収入	1380万8000円

あなたの人生はバラ色です。たとえ2億7000万円で買ったとしても、実際に支払った自己資金分1億7000万円に対する利回りは、金利控除後で8%を超えるラクラク大家さんです。ましてや1億9440万円で買えていれば、利回りは、実際に投資した9440万円に対しては、金利控除後でなんと14・6%になります。

同じ土地、同じ建物がある不動産で、これだけ「天国と地獄」の相反する結果となってしまうのです。この結果は何を物語るのでしょうか。

これが収益還元法で不動産の価値を診断する際のマジックです。

すなわち、今後のマーケットをどのように読むかによって真っ白にも、真っ黒にも、どのようにでもストーリーを展開できるということです。このような計算は会社などではエクセルなどの表計算シートで行なうことが多いのですが、この計算シートにだけ頼るのは、実に危険な判断です。

なぜならエクセルシートの数字を1カ所修正するだけで、結果がガラリと変わるからです。ましてや、5年、10年の長いレンジにすると、もはや想像というより妄想の世界がやってきます。

この事例でも、2年ごとにやってくるテナントとの賃料改定のたびに20%賃上げができると想定することもできれば、稼働率をずっと100%と考えることだって、数字上はできるのです。

必要な修繕コストをわざと計上しないで、エアコンなどの空調設備や浄水槽などの設備更新も、

「まあ、大丈夫だろう」

などと現物も見ずに判断することだってできてしまいます。

数字で示されると、つい言っていることがとても論理的に見えてしまうものですが、「収

収益還元法の最大の欠点は、土地の持つ応用性、可変性を無視していることです。

私が不動産への投資を判断するにあたってもっとも重視するのは、土地の持つ潜在的な力です。エクセルシートでは語れない部分での判断が重要なのです。

結局は土地の持つ潜在的な能力をどのように見極めるかが大切なのであり、そのためには土地をよく観察することから投資の判断を始めることなのです。

私が不動産投資の相談に来られる方に必ず申し上げるのは、土地を見ること、しかも何度も見ること、駅から歩いてきて何を感じるか、車から降りたときに何を思うか、その土地に人は集まってくるのか、そこに集う人たちが「いいな」と思ってくれるのか、などたぶんに感性的な部分を大切にしてほしいということです。

その土地を恋人のように思えれば、多少「高値摑み」であったと人から言われようが、なんとも思わないはずです。そしてきちんと納得した物件であるならば、困難な時代に遭遇しても、知恵と工夫で耐えることができるでしょう。

すぐに「離婚」してしまうような土地はなるべく手にしないことです。

も、誰でもが実感としてわかります。

松屋銀座が面する中央通りと、だだっ広い昭和通りの向こう側の人通りは、まったく異なることにすぐ気がつくでしょう。

土地の持つ潜在的な力を引き出す基本は、この「人通り」にあります。けっして、地名だけにまどわされてはいけません。

また、同じように人通りが多い場合でも、気をつけて見てほしいのは、どんな人たちが歩いているのか、です。

歩いている人は若者かおじさんか、という年齢の違い。男なのか女なのか、という性別の違い。サラリーマンなのか自営業者なのか、買物客か観光客かなどの違い。さらには裕福そうか、そうでもなさそうかという違い、など、道行く人を見ていると興味はつきないはずです。

街全体が持っている雰囲気と申しましょうか、空気みたいなものが必ずあります。

東京を例に挙げますと、平成初期くらいまでは、たとえば新宿という街は若者の生態を見るのには最高の場所でした。今は中堅サラリーマンを観察するのに最適な街です。

今、時代の先端を行く新興系会社に働く若い男女を見たいのならば、六本木がよいかもしれません。以前は六本木にはいわゆる業界人はいても、勤め人は少なかったのですが、今はまったく違います。秋葉原も昔の電気街の雰囲気が大幅に変化して、若者、あるいは外国人観光客の人気スポットとなっています。

東京スカイツリーが建設中の浅草・向島界隈は以前の少し「くたびれた」街の印象から、ここ数年その雰囲気が、あきらかに変わってきています。浅草の浅草寺付近などでは、歩く人たちが中国語や韓国語を話しているのを普通に見かけます。

私はここ数年で「大化け」する可能性のある街は、赤坂や六本木ではなく、浅草、上野、秋葉原をつなぐ東京の東側エリアだと思っています。それほどに東京スカイツリーが放つオーラを街を実際に歩いていて感じることができるからです。

②天気の悪い日に物件を見よう

よく、「不動産を見に行くのはなるべく天気の悪い日を選ぶように」と言われますが、これは本当です。天気の良い日には、どうしても物件が良く見えてしまい、悪い個所は隠れてしまいがちになるからです。

私も現在住んでいる自宅は、海岸の近くで、天気の良いときは本当に「住んで良かったな」と満足できる良い立地の物件なのですが、一つだけ見落とした点があります。

雨の日にももちろん出かけて試したつもりでしたが、それでもわからないことがあったのです。

海辺のマイナスポイントは、潮風です。残念ながら雨の日には、あまり風は吹かないものです。季節の変わり目になると、海岸際の立地は猛烈な風が吹くことを私は見落としていました。

また、風が吹くことによって飛来してくる塩と砂は半端ではありません。海風が吹き荒れた翌朝の家の窓ガラスは、車も含めて真っ白です。これが、もう一本道路を挟んだ奥の土地であれば、状況はかなり改善されるのですが、当時はまったく気づかずに、海に少しでも近い土地が欲しいあまりに見逃したポイントでもありました。

その土地の気候を知り、天気のさまざまな移り変わりを把握した上で、投資の判断をされることをお勧めします。

③駅から近い物件を買おう

当たり前の話かもしれませんが、鉄道の駅から近い物件を買うのが、不動産投資の鉄則です。先ほどの話と被《かぶ》りますが、天気の良い日、あるいは季節の良い日に歩く道は快適で、つい時間のかかるというマイナスポイントを見落としがちです。嵐の日や凍てつく風が吹きつける日などに歩く道は、とうてい同じ道のりとは思えません。

賃貸マンションでしたら、駅からなるべく徒歩5分以内の物件をお勧めします。自宅でも10分以内が目安です。少なくともマンションで駅からバスはもってのほかです。自宅としてご自身で「住みつぶす」覚悟だからという方もいらっしゃいますが、今は若くて体力があっても人は老いるものです。ましてや、転勤で人に貸すことになったり、何かの事情で売却せざるをえなくなったときに、この駅から徒歩○分は大きな違いとなって響いてきます。

「駅からバスと言ったって、たったの10分ですよ。いいじゃないですか」

と言って、以前、東急田園都市線「たまプラーザ」駅からバスで行くマンションを買った知り合いがいました。その後、たまプラーザの町は急速に発展し、今や田園都市線沿線でも有数の高級住宅地となりましたが、先日、その友人が私にこう言って愚痴《ぐち》りました。

「最近は駅までの道が渋滞して、家の車でも20分以上かかるようになったよ。朝は女房の機嫌をとっておかないと。バスでは大変なことになっちゃうよ」

駅は場所が移動したりはしませんが、駅まで続く道は、年月の経過とともにどんどん長く延びていってしまうようです。

④「新築」よりも「中古」を買う

ワンルームマンションを買うにあたっても、自宅を買う場合でも、どうも日本人は新築物件が好きなようです。上の図表は97年以降の住宅着工件数の推移ですが、毎年100万軒もの住宅が日本では建築されています。これは人口数などと勘案しますと大変大きな数字であり、日本人の「新築」住宅好きは統計からも裏づけられています。

では、なぜ、みなさんは新築住宅が良いと考えるのでしょうか。

昔のように住宅の質が確かなものでなかった時代は、中古住宅に問題があるものが多く、ま

全国住宅着工件数推移(1997年〜2009年)

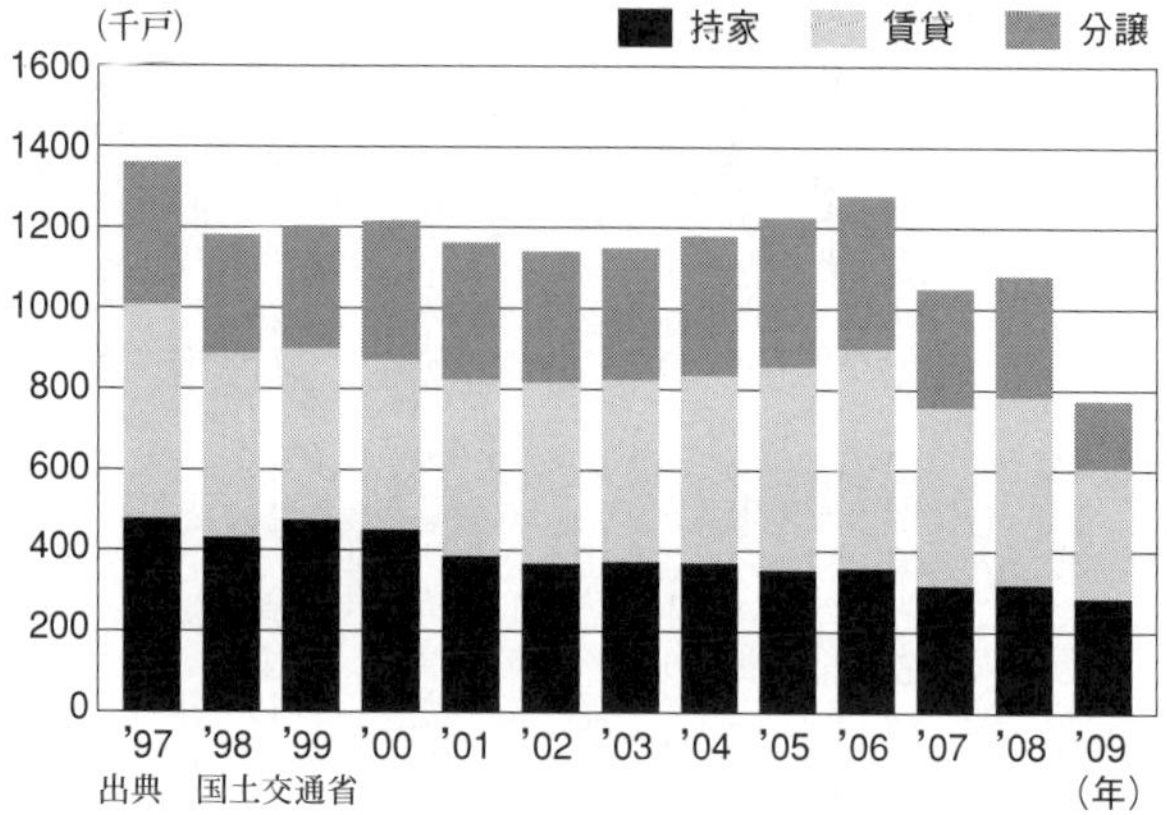

出典　国土交通省

た、団塊の世代を筆頭に、住宅に対する需要が常に高い水準であったために、新築住宅を選り好んだことはうなずけます。

かつては、時代の進歩とともに、新しい設備、新しい工夫のある「豊かで快適な」住宅、マンションづくりが行なわれてきました。時代の進歩と生活水準の進歩が並行していた時代とも言えます。

ところが、生活水準がある程度満たされてきた現代、実は周囲を見渡してみると、もうすでに十分な社会資本ストックとしての住宅が蓄積されてきていることがわかります。

よく問題となる耐震性の点でも、昭和56年以降の新耐震基準で建設された建物は大規模地震の震度にも十分耐えられたことが、阪神・淡路大震災で立証されています。

また市街地がどんどん都市の外側に向かって成長、展開していったいわゆるドーナツ化現象に変化が現われ、今では人口の都心回帰の現象が見られるようになっています。これは典型的な「都市の成熟化」の現象ともいえましょう。

もはや、首都圏においても人口の増加はほぼ止まり、すでに「夫婦＋子」で規定されるいわゆるファミリー世帯数は減少に転じている今、なぜさらに新築住宅を供給する必要があるのか、私は少し疑問に思っています。

むしろ社会資本ストックとして、住宅は十分なインフラ基盤がすでに築かれていると言ってよいと思います。都心部にやたら高層のマンションを建築して「眺望」だけを売りものに客を取り込もうとしても、あるいは本来需要のなくなった郊外に無理やり建て売りを建築しても、もはや大きな需要は見込めないと言ってよいでしょう。立地もすでに、既存の立地の良いマンションにかなわないものばかりとなっているはずです。

そうした意味では、無理やり建てている新築物件よりも、むしろ中古物件のほうが圧倒的に条件の良いものが多くなっています。しかも、建物の築年数が経過していることから、価格は新築物件に比べてだいぶ安くなっています。それでいて、少なくとも新耐震基準制定以降に建築された物件であれば、耐震性は保証され、しかも設備面でもそれほど見劣りする物件でないとなれば、なぜ、あえて新築物件を買う必要があるでしょうか。

私の知り合いにFさんという、つい最近、箱根の強羅《ごうら》にリゾートマンションを買った人がいます。昭和40年代築のそのマンションにお招きを受けたのですが、本当に驚きました。

現地に到着して建物を見ると、よく手入れはされていますが、さすがに築40年を超える物件ともなりますと、外観は昔の公団住宅のようでパッとしません。

しかし、現地はゆとりのある敷地に棟屋もゆったりと配置され、鬱蒼《うっそう》と茂った樹木にはリスが走り回り、環境そのものがやすらぎを感じさせてくれます。

さらに部屋に通されて、私はびっくりしました。中はまるでお隣りに建っているホテル、ハイアットリージェンシー箱根リゾートの客室と見間違えるような、素晴らしい内装の部屋だったのです。

Fさんによれば、この85㎡で3階、4階につながったメゾネットタイプの部屋の値段は、なんと250万円とのことでした。坪換算しますとおおむね坪あたり10万円です。

この部屋を取得後に500万円かけてリニューアルしたところ、こんなに素敵なリゾートマンションに生まれ変わったとのことです。

ベランダに一歩出れば、夏には、正面に大文字焼きがくっきりと見える最高のロケーションです。

このマンションの部屋が、リニューアル代を含めてもたったの750万円です。ちなみに近隣で販売されている大手不動産会社の新築リゾートマンションは同じ面積で5500万円くらいでした。建物や設備は最新のものなのでしょうが、立地は最高とは言えません。先に建った物件が良い場所を独占してしまっているからです。それに今は新築であっても40年たてばやはり、Fさんのマンションと同じように古びてしまうのです。

最近の中古物件にはかつてのような粗悪な建物、たとえば耐震性に劣った物件は少なくなる傾向にありますし、必ずしも新築にこだわる必要性は感じられません。

このように、建物が古くとも、「良い立地＝二度と出ない立地」のものにきちんと手を入れて運用するのも、賢い不動産運用といえるでしょう。

不動産屋の常套句の、

「お客さん、これは二度と出ない土地ですよ」

は、たいてい古い物件の売り文句です。開発の物件は、えてして先に良い場所を押さえてしまった古い土地の物件よりも立地は悪いものが多いのです。

建物内の設備は、最新のものと交換できますし、建物がいよいよだめになれば建て替えることができます。中古で良い立地の物件を探しましょう。

⑤無理に大きな借金をしない

さて実際に投資用物件を買う場合に、全額が自己資金というケースはおそらく少ないことでしょう。借入金の調達は必須ですが、借入金額はあまり無理をしないことが鉄則です。

自宅のための多額の住宅ローンはもってのほかですが、ワンルームマンションなどの投資にあたっても大きな借金をしないことです。借金の割合を大きくすると金利がかさみます。これを費用とすることで節税できる部分が大きくなることを理由に、いい加減なマンション業者などは多額の借金を勧めるケースが多いのですが、なるべく現金の割合を大きくしておくことをお勧めします。

業者から勧められる借入金の金利は、その多くが変動金利と呼ばれているものです。

近年、低金利の状態が続いていますので、未来永劫金利は低いままだという錯覚に陥りがちですが、金利の変動する要素は、不動産を運用する上では一番重要な点であることを忘れてはいけません。

たとえば、ワンルームマンションを購入するのに、変動金利35年などというローンを組む例が見受けられますが、どんなものでしょうか。当初は変動金利で2・5％程度の金利ですが、このローンを利用する方は35年間での金利の変動をどの程度で考慮しているのでしょうか。1000万円の借金をすると、金利が1％変動しただけで、年間10万円の負担増となります。仮に平成初期と同じく、長期のプライムローン金利が6・9％に上昇すれば、40万円、50万円の金利負担増です。そのような状況に耐えられるだけの人生設計になっているのでしょうか。

何度も申し上げてきたように、建物の価値は年々減じていきますので、土地が建物の減価部分を補《おぎな》って値上がりしていかないかぎりは、不動産全体の価格は下落していきます。

「いざというときは売却すればいい」

と言えたのは、日本の人口が増え続け、経済が現在の中国のように右肩上がりで上昇を続けていた時代のお話です。

今の日本では、これはおとぎ話になってしまっています。そんな不透明な時代の中で、多額の、しかも長期にわたるローンの組み入れは危険極まりない行為と言えるのではないでしょうか。

販売業者は、とにかく売ることが目的であって、みなさんの人生設計に興味があるわけではありません。

「金利は不動産所得から経費として控除できますよ」

と言われても、その金利は建物相当分の借入金部分にしか適用されません。控除できる金利を自らの所得と通算することで受けられる節税メリットが、金利が上昇した結果、「払えない金利モンスター」となって襲いかかることのないように、慎重にローンを組まれることをお勧めします。

それなら、どのくらいの借入金ならよいのかとよく聞かれます。物件や内容にもよりますが、基本は購入金額全体の50％以下にされることです。そして、すぐに50％以上価格が下がったりしない土地であることを見極めることです。

⑥減価償却のまやかし

建物にかかる借入金の金利を所得から控除できるのと同様に、販売業者はよく、「建物は減価償却できますので、経費になりますよ」と言って勧誘します。

減価償却は実際にはあなたのお財布から出ていくお金ではないので、その分も経費にカウントされるのは、なんだかトクしたような錯覚に陥るものです。

しかし、これはある意味では当たり前のことを言っているだけです。建物の価値は年々下がっていくのですから、償却を取るということは、将来、建物価値が下がって、購入時と比べて建物価格が大幅に下がってしまう、つまり損をしてしまう分を、そのときになっていちどきに出すのはつらいので、毎年「損した」ことにして、所得から控除していきましょう、その結果が節税につながります、と言っているにすぎないのです。

いわば、将来起こる価値の下落を激変緩和措置で今から少しずつ落としておきましょう、あなたの持っている不動産の価値は土地の価値が上昇して、この下落部分を補わないかぎり、下がり続けてしまうのですよ、と宣言しているも同然なのです。

もちろん、毎年の節税というのは、今現在、全体の収入の多い人には、損の前倒しですから、所得税を減じる上では大きな効果があります。

ただ、不動産の資産価値という観点からはやはり、将来的にも価値が継続ないし上昇しなければ、投資としての評価は満点とはいえないでしょう。

せっかく節税メリットは取ったのに、いざ売却して換金しようとしたときに大幅な売却損が出てしまったのでは、いったい何がトクだったのかもわからなくなってしまいます。

価値が減じることのない土地をよく見極めて、10年、20年たったときでも、

「あ、この土地は買って良かった」

と思える物件を購入することです。

この節税効果ばかりに目がくらんでしまい、場所としてはどうかな、と思われるワンルームマンションなどを購入してお困りになっている方をよく見かけます。

新しいうちは入居者も順調に決まり、節税効果も享受できたものを、年数の経過ととも

に、賃料が下落するばかりか、周辺に競合物件ができて、空室の状態が長く続いてしまっている、といった事例です。

こうなってしまいますと、もう節税どころではありません。収入はない、借金返済はせまる、売ろうにも売れない、三重苦です。

不動産投資は長い目で、土地の顔をよく見て買いましょう。

⑦できれば早期に複数物件を所有してリスクを軽減

どんなに慎重に土地の持っている価値を見極めて投資を行なっても、リスクから完全に逃れることはできません。良い物件であってもたまたまテナントが見つからない時期が長く続いたりしますと、計画していたバラ色のサラリーマン大家さんの生活も危《あや》ういものとなってきます。

また、世界経済が目まぐるしく変化する中で、自分自身ではどうにもならない不可抗力で、マーケットが急速に冷え込んだりもします。テナントが法人の場合は倒産、個人の場合でも不慮の事故や死去などで賃料が入ってこなくなることもありえます。地震や天災といった天変地異なども避けられないリスクといえましょう。

この場合、どうしても運用物件が1件だけですと、大きなリスクになります。

そこで、お勧めしたいのが、資金の制約はあるでしょうが、なるべく早期に複数物件に投資を行なうことです。1件だけでの運用ですと、テナントがいなくなった瞬間に収入はゼロになってしまいます。

2件あるいは3件であれば、このテナント一つが抜けたリスクは緩和されていきます。

この考え方を資産運用の世界ではポートフォリオ戦略などと呼びます。なんでも英語にすればよいというものでもありませんが、日本語に訳すならば「分散戦略」とでもいいましょうか。

よくライフプランナーあるいはファイナンシャルプランナーなどという肩書の方が新聞や雑誌、テレビなどで、

「お持ちの財産を預金、株式、信託などに分散投資しましょう」

などと言っている、あの分散投資のことです。

不動産投資の分野の中だけでもこの「分散投資」の考え方は役に立ちます。どんな分散の仕方があるかを考えてみましょう。

i）不動産の用途を分散する

ワンルームマンションだけでなく、商業店舗、駐車場、あるいはオフィスなど、不動産の用途を分散させることです。住宅の収益が芳しくない場合は、オフィスで稼ぐ。商業店舗を長期契約にして、中長期の安定収入にするなどの手法です。

大手の不動産会社なども、オフィスのみならず、自ら賃貸住宅を手掛けたり、ショッピングモールを所有したり、用途の分散化を行なっています。

ii）地域を分散する

複数の物件でも、すべて同じ地域に持つと、地域特有のリスクが生じた場合、分散した意味がなくなってしまうケースがあります。

同じエリア、たとえばご自身の生まれ故郷や自宅の近所であれば、地理にも明るいので安心して所有できますし、物件を管理するのにも都合が良い点が多々あります。

ところがこうしたメリットがある半面、同じエリアに複数物件を所有することにはリスクもつきものです。

一番怖いのが地震です。大きな地震が発生し、運用資産が同時に倒壊したり、賃貸の用に供さなくなったりしますと、あなたは一時にすべての運用資産に損害を被ることになります。

地震だけではありません。台風などによる被害、大雨による洪水など、長く運用しているとさまざまな災害が生じます。

ある新興宗教団体の施設があるという理由から、その施設が存在する地域全体の賃貸マンションやアパートが敬遠され、テナントがつかなくなるような事態も実際に発生したことがあります。

これらは自分ではどうにもならないリスクですので、２件目、３件目を持てる余裕ができたら、地域を分けて投資するのも肝要です。

ただし、そのために、東京、大阪、名古屋など、飛び離れた土地に分散投資をされる方がいらっしゃいますが、そこまでする必要はないと私は思います。なぜなら、阪神・淡路大震災のときでさえ、本当に大きな被害が出たのは神戸市全体というよりも市内の一部のエリアだったからです。

東京都内であれば、城西、城南、城東といったエリアに分散していれば、全体に被害が及ぶような天災リスクは少ないように思われます。

ⅲ）築年数や投資時期を分散する

建物の価値は年々劣化していきます。不動産に投資をして運用していくのにあたって、建物の価値を維持して、いつでも最大限の運用ができるようにすることが大切です。

建物は躯体《くたい》ばかりに目が行きがちですが、実際には設備がないと建物として機能しません。設備とは、賃貸マンションなどでは、エアコン（空調）、照明、キッチン、浴室、洗面室回りの機器などを指します。また、オフィスビルや商業施設、ホテルなどになると、大型のボイラー設備や警報設備、それらを統括する警備システムなども加わり、大規模なものが多くなり、メンテナンスにも大きなお金が必要になってきます。

これらの設備に対して適切なメンテナンスを行ない、テナントがいつでも気持ちよく利用できるようにすることは運用を行なう上でとても大切です。

ただ、これにはまとまったお金が必要になりますので、複数物件を所有した場合には、おのおののメンテナンスの時期が重なることのないようにポートフォリオを組むことが肝要となります。

空調は、マンションなどではおおむね8～10年程度で更新時期を迎えます。洗面やトイレ、バスなどの衛生機器も15年程度で大規模な修繕や機器の交換が必要となってきます。建物も築年数の経過によって、外壁の塗り替えや共用部の修繕などが発生してきます。同じような築年数の建物ばかりを保有するのではなく、築3年、7年、10年などと、建築時期をずらして保有することも賢い資産運用のしかたと言えるでしょう。

このように勝ち組不動産の買い方にはいくつかのポイントがあります。これらをすべて満たすような買い方というのはなかなかできないものですが、繰り返し申し上げるように、投資用不動産を買う際には、基本的に土地に着目し、中長期に保有を続けながら、その物件の持つ能力を十分に引き出してやることに尽きます。

長い人生の中では、売却をする場合もあるでしょう。もしそのときにたまたま売却益が生じても、それは「ごほうび」くらいに位置づけたほうが、心の安寧を保てますし、投資としても成功につながるものと思います。

大家業で大切な資産運用のコツ

実際に勝ち組不動産の条件にかなうものを買えたとしても、運用して収益を稼ぐには地道な努力が必要となります。あなたが、ギャンブラーとしての成功を狙うのではなく、「不動産は買って育てて実を取る」という姿勢を貫くのであれば、買ったのちの運用の巧拙《こうせつ》が大いにその後の成績を左右することとなります。

買った後、どうするか。ここでは不動産運用のコツを7つに分けてお話ししましょう。

①賃料は下げてでも、とにかくテナントを埋める

賃貸用の不動産を購入すると、収入のすべてはテナントからの賃料収入となります。テナントが入らないと、当然収入はゼロです。不動産は黙っていても金食い虫。毎月、決まった管理費はかかりますし、マンションでしたら修繕積立金があり、水道光熱費は使っていなくても基本料はかかってきます。借入金の返済もすでに始まっていますし、季節によっては固定資産税も支払わなくてはなりません。

そこで早期にテナントを決めて、こうした費用を支払うための原資を確保する必要が出てきます。

一方で、借入金の返済計画ではおよそ賃料は1室あたり8万円とか10万円とか、あらかじめ想定している数字があり、この数字をもとに自身の資金繰りが成り立っています。

そんなときに、仲介業者が連れてきたテナントの希望賃料が7万円だったりすると、大家としてはひじょうに悩みます。毎月1万円の違いですと年間では12万円もの差になり、この減収分を回復する手立ては、なかなか見当たりません。費用がほぼ固まっている中、大家として、このような低い条件を受け入れることに躊躇《ちゅうちょ》する気持ちはとてもよく理解できます。

仲介業者とはこんな会話になりがちです。

「え〜、ちょっと賃料安くない？　もう少しがんばって、いい客連れてきてよ」

仲介業者は、困った表情を浮かべながら、

「ほかも当たっていますが、この客が一番いい条件ですよ」

でも納得がいかない大家側は、そのテナントの入居を見送って、次のもっと良い条件のテナントを探すように仲介業者に命じることになります。

仲介業者は手数料を取ってなんぼの商売ですので、どんなテナントであっても、また、多少賃料が安くても、とりあえずは早く決めてしまいたいと思うものです。なので、大家に多少低い賃料でも妥協するように仕向けてしまうことはよくあります。この点について大家が不満に思うのは、よく理解できます。

ですから、景気の良い時代で、テナントの一人、二人を見送っても、もっと良い条件で新たなテナントが決まりそうなときは、最初のテナント候補をいったんは見送って次の候補を待つことも良い策といえます。

ただ、景気が安定しない時期だとか、賃貸用住宅の場合は特に、春などの新入学シーズン、春秋の転勤シーズンを逃すと、急速に需要が落ち込むことがあります。このようなときには、「来るもの拒まず」で、さっさと決めてしまったほうが、後々、後悔が少ない場合もあります。

私は基本的には、後者の「さっさと決める」ことをお勧めしています。自分の設定した賃料水準は業者の意見を参考にしているとはいっても、たぶんに貸主側の思惑が入っていて、実際のマーケットの相場に比べて「たら、れば」の甘い数字が入っていることが多いものです。

あまりその数字にこだわっていると、結局テナントがつくのが当初の計画に比べて大幅に遅れてしまったり、賃料の下落時期であれば、せっかく数社の候補を断わって辛抱強くもっと良い条件のテナントを探したのに、結果は当初の7万円の賃料をさらに下回る賃料のテナントしかつかなかった、などという事態にもなりかねません。

仲介業者の立場から見ても、最初は一生懸命テナントをつけようと頑張りますので、それなりに良いテナントを連れてきます。けれども肝心の大家側がああだ、こうだといってなかなか決めてくれなかったりすると、

「あそこの大家は頑固で融通が利《き》かないよ」とか、

「あんな高い賃料で決まるわけないよ」

などと業者間でも陰口をたたかれ、しまいには机の隅に宣伝チラシは放置され、誰もこの物件を相手にしてくれなくなったりします。

先ほど、賃料を8万円で設定していたのに、7万円が希望のテナントに決めてしまうと、想定していた収入に比べて年間で12万円の減収だと言いました【ケース1】。

そこで、そのテナントとの契約は見送り、結局半年遅れて、想定どおりの8万円で新しいテナントが見つかった【ケース2】としても、その年の収入は、7万円ですぐに決めた場合の年間84万円に比べて、貸付開始が半年遅れているために、36万円も少ない収入しか確保できなくなってしまうのです。これは当初の想定の収入に比べれば、なんと48万円もの減収ということになります。本当に粘って、より良い条件のテナントをつけることは正しいと言え

るのでしょうか。

【想定収入】

@8万円×12カ月＝96万円

【ケース1】最初のテナントの条件7万円で契約した場合

@7万円×12カ月＝84万円（想定に比べて▲12万円の減収）

【ケース2】半年かかって想定どおり8万円で契約した場合

@8万円×6カ月＝48万円（想定に比べて▲48万円の減収）

ましてや、半年遅れて決まった条件が、月6万円に下がってでもいようものなら、年間収入はわずか36万円になってしまい、当初の想定に比べて60万円もの減収となってしまいます【ケース3】。

【ケース3】半年かかって結局6万円で契約した場合

@6万円×6カ月＝36万円（想定に比べて▲60万円の減収）

賃貸借契約は通常2年のものが多いのですが、2年間の総収入で比較しても、

【ケース1】@7万円×24カ月＝168万円
【ケース2】@8万円×18カ月＝144万円
【ケース3】@6万円×18カ月＝108万円

となってしまい、結局【ケース1】を上回ることはできないのです。

その場その時の判断で、運用の結果はこれだけ違ってきてしまいます。不動産の運用では夢を追うのではなく、常に現実を見据えて冷静に判断することです。

特に賃料が下落しているときは、過去の実績にこだわりがちです。

「前のテナントは8万円だったから、8万円で貸せるはず」

などとあまり考えないことです。あなたが思い悩んでいる間にも、賃料は刻々と下がっているかもしれないのです。

②契約はなるべく「長期」「固定」を条件に

それでは、賃料は決まったとして、どのくらいの期間の契約を結べばよいのでしょうか。

わずかの期間でも収入がゼロになると、その減収分を補《おぎな》うことが困難であることは、先ほどご説明したとおりです。したがって、テナントとの契約期間については、できることならば、長期で契約することをお勧めします。

オフィスでも住宅でも賃貸借期間は2年、というのが通例ですが、中長期にわたって安定した収入を確保するためには、3年あるいは5年といった長期の契約をすることがよいと思います。この場合、契約の更新に伴う更新料を得ることなどは期待できなくなりますが、どのテナントでも確実に2年後に契約を更新してくれるとは限りません。2年後の賃料相場が下落している場合などのリスクを考えて、今から収入を確実なものにすることです。

契約の締結にあたって、もう1点注意すべきことは、賃料については極力、金額を固定化することです。

よく、テナントとの間で、現在はテナントの収入が安定しないので、相場よりも安い賃料で当初1年だけ契約して、1年後にあらかじめ決められた賃料に引き上げるなどという契約を結ぶ場合がありますが、このような約束事はほとんどの場合、現実には守られることがないと思ったほうがよいのです。

1年後、テナントはこう言ってあなたに泣きつきます。

「大家さん、当初の見込みと違ってまだ収入が不安定なんですよ。来年は考えますので、この約束は延期させてくださいな」

こうなった場合、日本の法律では圧倒的に借り手が有利です。約束違反を理由にテナントの追い出しを図っても、裁判ではなかなか勝てません。保証のない約束はしないことです。

テナントを追い出すのは難しいことです。

テナントは毎月、賃料というお金を払い続けてくれるありがたい存在ではありますが、一方で、一度入居すると日本の法律では借家法という、借り手に有利で、貸し手に厳しい法律があるために、テナントが気に入らなくても、追い出すにあたっては、なかなかやっかいなことになります。

また、最近ではこうしたテナント退出などのトラブルを防ぐ効果があるものとして「定期借家契約」を採用する事例も出てきています。定期借家契約とは、あらかじめ決められた契約期間の満了後は、借主は貸主に確実に部屋を返さなくてはならないというもので、今まで一方的に借主に有利だった契約を貸主側の事情にも即して改めたものです。

実際には、賃貸借契約を結ぶにあたって、借主と貸主との関係が貸主側に有利なマーケット環境でないと、定期借家契約は結びづらいとの声も聞かれますが、中長期にわたって安定した賃料収入を確保する手法としてはお勧めします。

③既存テナントの賃料はこちらから値下げしよう

テナントを入れたからといって安心してはいけません。オフィスでも住宅でも、今はインターネットで検索すると、特定のエリア、面積で賃料相場があっという間《ま》にわかってしまいます。以前、インターネットがなかった頃は、仲介業者しかこの手の情報を持っていなかったので、すでに入居しているテナントが自分の入っているビルや住宅の賃料が周辺と比べて高いのか安いのかを知ることはきわめて困難でした。

ところが今ではいつでもどこでも、たちどころに賃料相場の情報が手に入ってしまいますので、大家にとっては大変な時代です。実際の賃料相場よりも高い賃料で入居してもらった、などと言って喜んでいると、そのことに気づいたテナントから、賃料の値下げを要求されたり、悪くすると、突然解約通知を出されて、他の物件に移転されてしまう場合だってあります。

以前は住宅の賃料相場は、オフィスなどと比べて比較的上下動が少なく、安定していると言われてきましたが、最近では借り手側の収入の減少や賃貸住宅の供給過剰などの要因もあって、賃料の下落が止まらない地域も出てきています。

こうした環境下にあって、賃料相場があきらかに下がってしまい、自分のところのテナントの賃料との乖離《かいり》が大きくなってきた場合には、大家側から積極的に賃料を引き下げてしまうことも、テナント防衛という意味で有効な策です。

中には、

「どうせ、テナントなんて、賃料相場が下がっていることに気づいちゃいないよ」

とタカをくくっている大家さんもいるでしょう。また、借入金の返済も優先したいので、テナントが気づいて交渉してくるまでそのままにしておこう、などと考えがちです。

でも、今の時代は、インターネットなどを通じて、テナントは賃料の高さにとっくに気づいているものです。それならば、こちらから積極的に賃料の引き下げを打診する。それも、現状の相場まで下げる必要はありません、少しだけあえて賃料を下げてあげることをテナントに提案しましょう。

こうした提案はテナント側にとってもメリットのある話といえます。なぜなら、提示した新しい賃料が多少実際の相場より高くとも、解約して別の建物に移転する際の、移転費用などを考えると、賃料を減額してそのまま入居しつづけるほうが金銭的なメリットが大きくなるからです。

また、頼んでもいないのに、賃料を下げてくれたことに対して嫌な思いをするテナントは皆無でしょう。むしろ恩義に感じてこのまま長く入居してくれるかもしれません。

自らの収入を自ら積極的に減らすのは誰でも嫌なものですが、大家業は中長期に安定した収入を確保することが目的です。現実を見据えて、物事を考えていくことをお勧めします。

④リニューアルはまめに、大胆に

先に賃貸用不動産を買うのなら、新築のものではなく、立地の良い中古物件を買いましょうと申し上げました。でも古くて汚いままではテナントは良い条件では借りてくれません。周辺に競合するような物件があればなおさらです。建物は軀体《くたい》がしっかりしているかぎり、繰り返しリニューアルを施《ほどこ》し、再生させることが可能です。

それではどのような視点から、建物を考え、これをリニューアルしていくことがよいのでしょうか。

最近のテナントは、室内の設備やデザインにとても敏感になっています。大家の側から見て「たいしたことではない」では済まさないことです。自分の価値観がテナントの価値観ではありません。大家としては、世の中の考え方の変化や流行に日々気を配っておくことも、安定した不動産運用を行なう上では大切なポイントです。

では、どんな点に注意して建物の維持管理を行なっていけばよいのでしょうか。

まず設備面ですが、オフィスであれ、住宅であれ、基本中の基本が室内の環境です。特にオフィスでは、空調設備はもっとも気を使うべきところです。最近では家庭用のエアコンが高性能になってきていることもあり、テナントは自宅でこのすぐれたエアコンに慣れ親しんでいるため、ほんのわずかな室温の変化や湿度の具合にも、とても敏感になっています。機器の温度調節機能が、今では家庭内のエアコンのほうが上等になっているためです。

したがって、少しでも空調機器の性能が悪いと、テナントからの大クレームに発展します。空調は住宅では6、7年、オフィスでも15年程度で更新が必要となってきます。事前の修繕計画には真っ先に組み込んでおくことをお勧めします。

次に重要なポイントは水回りです。トイレや給湯室の状態については、特に女性が敏感です。賃貸オフィスの営業で、お客様を現場に案内する機会もあるのですが、最近は見学に来られる方（たいていが会社の総務部の方）に、女性が多くなっています。

彼女らは貸室内の見学はそこそこに、トイレや給湯室といった水回りの機能を必ず入念にチェックします。もちろん、トイレが臭い汚いは論外ですが、よく指摘を受けるのが雰囲気が暗い、あるいは清潔感がない、といったことです。

清潔感、というのは微妙な表現ですが、いつも清掃しているから汚くない、ということと同義ではありません。彼女らが言うのは、気持ちが悪くて洗面台に化粧ポーチを置きたくない、照明が暗いのでお化粧直しがしにくい、カラン（蛇口）のデザインがダサい、全体のデザインがＮＧなどといった感覚的なものです。

住宅に対する評価でも洗面台が古くて清潔感がない、照明が暗い、水の流れが悪い、給湯器が大きくて邪魔など、水回りに対するクレームが大きな割合を占めるようになっています。

このような水回りのやつれ（老朽化）については、物件の取得時やテナントの入れ替え時にはきちんとリニューアルしておくことです。

また、設備は新しいものでさえあればよいと考えがちなのですが、最近はみなさん、デザインにもひじょうに敏感です。デザインは奇抜である必要はありませんが、特に女性から見ておしゃれと思っていただけるような一定の流行を、形や色に取り入れたものにしていくことです。

以前はオフィスの共用部などは、どちらかといえば誰から見ても無難な、最大公約数的なデザインのものを採用するのが常でしたが、最近では、エントランスにも大胆な明るい色調の壁を採用したり、エントランスロビーにお客様同士の待ち合わせのためのしゃれたソファやテーブルなどを設置するビルも増えてきています。

住宅でも外壁や共用部のみならず、室内のデザインも有名デザイナーに監修してもらったことなどを宣伝した物件も増えています。このようにテナントに対して、何らかのインパクトのあるポイントを持つことは、競争が激化するマーケットにあって、競合先に対して優位に立てることにつながります。大いに検討し、効果が期待できるものについては積極的に採用すべきでしょう。

ただ、1点だけ注意したいのは、有名デザイナーを採用するのはよいのですが、デザイナーのひとりよがりなデザインを丸のみにして作ってしまうと、そのデザインが好きなテナントしか集まらなくなってしまうことです。

デザインには旬があり、一定期間続いた流行が過ぎると、まったく「ダサい」デザインに陳腐化して売り物にならなくなる恐れがあります。女性が見学に来て、

「あら、素敵なデザインね。こんなところに住んでみたい」

とつぶやかせる程度に、新しいデザインを取り入れていくことが肝要でしょう。

リニューアルは予算の関係もあって、すべてに満足のいくリニューアルをすることが、難

しいのが実情です。でも中古だからといって手を抜いてもよいというわけにはいきません。

限られた予算の中では、まず第一に室内環境の整備、空調や水回りといった基本を整備することが大切です。

そのうえでまだ資金的に余裕があれば、壁紙や照明などのデザインに特徴を持たせたり、全部をデザインできなくても、部屋の一部にワンポイントのデザインを施したりすれば、テナントへの訴求力となります。

また、最近ではセキュリティを重視する傾向も顕著です。一人暮らしの女性などには特にこうした防犯体制に対するニーズは強いものがあります。玄関扉の二重鍵、防犯ブザーの設置なども大いに検討すべきです。

さらには、最近の環境意識の高まりを受けて、ＥＣＯ対応の壁紙や住宅建材の採用など新しい側面についても重視されつつありますので、特徴の一つとして装備することを考えてもよいでしょう。

立地の良さに加えて充実した建物設備、室内環境をテナントにアピールすることで、より良い条件でのテナント獲得につながるのです。

⑤管理会社をチェックしよう

１棟のマンションやアパートを運営する場合には、専門の管理会社に物件の管理を委託する場合が多いかと思いますが、中古で買った場合には、売主についていた管理会社がそのまま引き継がれて管理を担当する場合が多いようです。

以前からこの物件を管理しているという安心感もあるし、新しい管理会社を採用する手間暇が節約でき、なおかつ引き継ぎなどの面倒な手続きもなく、便利だと思うのは当然です。

しかし、本当にその管理会社がしっかりと業務を遂行しているのかどうか、確認することも必要でしょう。

管理会社から、定められた必要にして十分な内容の報告書が定期的に大家側に来ているか、テナントの空きが出た場合などに迅速にテナント募集の営業活動を始めているか、賃料などの諸条件について大家のところに頻繁に打ち合わせに来ているか、賃料滞納のテナントへの賃料徴収業務などに正しく対処しているか、建物内で生じたテナント間のトラブルなどについてその対応の結果や報告などがきちんと行なわれているかなど、綿密にチェックする必要があります。

実際に管理会社の能力はさまざまであるのに、日々直接テナントと向かい合うことの多い管理会社は、いわば大家の片腕的な存在でもあります。

したがって、もしも管理内容について、あまり感心しないようであれば、こちらからクレームを言って改善を促す、あるいは相応の管理報酬に引き下げる、場合によっては管理会社を変更するなどの処置をとることも考えたほうがよいでしょう。

最近は、建物管理の業界も過当競争になってきています。今の管理会社にとって代わりたい会社は少なくないはずです。合理的な報酬で、より良い管理を行なう会社に依頼することが、大家業の支えともなります。

⑥借金はあわてて返さないでよい

借金をすることは誰しもあまり気持ちの良いものではありません。そこで、稼ぐはなから借金の返済に勤《いそ》しむ大家さんがいます。金利の変動による支払い金利の増加も気になるところですし、なによりも早く借金返済の呪縛から逃れたいという気持ちもよく理解できます。

ただ一方で、物件を取得さえしてしまえば、あとは借金を返済するだけと考えてしまうのも考えものです。

先ほども申しあげましたように、不動産は常に手間をかけ、必要なリニューアルや修繕を実施し、テナントがいつでも快適に過ごせるようにするために適正な出費を行なうことが必要です。

中古物件などではなおさらのことです。そもそも、なぜ中古物件が安いかといえば、新築物件に比べて建物が老朽化しているために、今後発生するメンテナンス費用がどうしてもかかるからです。ですから、こうした費用に充当するのに必要な資金は常にプールしておくことが、建物としての商品力を中長期にわたって保つ秘訣なのです。

私も仕事柄、建物オーナーにリニューアルなどの提案をすることがあるのですが、「お金がありません」と言われることがよくあります。すでに一定額の借金をしているオーナーに対して、さらに借金を重ねろとは申し上げにくいのですが、必要なメンテナンスを疎《おろそ》かにしていると、そのツケは後になって重大かつ深刻な形でやってきます。

そのためにも、借金返済ばかりに心が動かないようにすることです。

ましてや、最近の地価の下落で、担保割れしているような物件をお持ちの方もいらっしゃるでしょうが、焦《あせ》って物件を売却したりなどしないことです。永遠の価値を持つ土地を簡単に手放してはならないのです。担保割れといっても、しっかりとテナントがついて、毎月収入が入ってくるのならばあわてる必要はありません。

それでも、物件を担保にとっている金融機関のほうは気が気でないかもしれませんが、借金は返済予定分だけを、約定どおりにきちんと返済できればよいのです。建物は老朽化に伴って思ってもみなかったような不具合も発生しますので、そのときになってあわてないように、十分な準備をしておき、いざというときに備えることも大家業では大事なことです。

不動産の「取得・運用」は、プロの手を借りよう

これまで見てきたように「勝ち組」不動産を見極めて買い、これを賢く運用していくには、たくさんのポイントがあります。これからサラリーマン大家さんを目指し、これらのポイントをすべてクリアしていくことは意外と難しいものです。大手の不動産会社やまっとうな不動産ファンドなどでは、物件取得と物件運用は、明確にチームを分けています。投資向きのキャラクターと運用向きのキャラクターには大きな違いがあるからです。

投資チームは狩猟民族、運用チームは農耕民族というくらいの違いがあります。

プロでもそうなのですから、あなたが不動産投資や運用を行なう場合には、やはり専門的な視点を持つ専門家の力を借りることも一つの考え方であろうと思います。

たとえば、あなたがある土地の購入を考えている場合、その土地の持つ潜在的な価値を見

極める能力は、あなたよりも経験豊富な専門家のほうが優れているでしょう。

また、あなたが取得した土地で始めたお店などの事業が、わずか数カ月でだめになってしまったときにも、プロのアドバイスが有効です。

ただし、プロと言っても、戸建住宅メーカーやマンション業者、オフィス開発業者などに全部丸投げするのは考えものです。

彼らは喜んでさまざまな提案をしてくるでしょう。しかし、彼らが提案するあなたの土地の最有効利用法は、その土地の持つ潜在的な力などを見極めているわけではなく、自分たちの、もっとも得意な分野での、自分たちの収益に直結する手法でしているにすぎません。

欧米ではこのような分野の専門のアドバイザーが多く、不動産の取得や運用に関して、複数の側面からのアドバイスを行なっていますが、日本ではまだこういったアドバイザーの数も少なく、認知度も低いのが現状です。

とはいえ、かなり大きな投資をするのに、マンション業者や仲介業者の担当者が、「感じが良かった」からといった表面的な印象や勘だけで判断をしてしまってよいものなのでしょうか。

また、不動産の運用にあたっても、いろいろと難しい点があります。

ワンルームマンションやアパートくらいなら自分でできるだろう、ということで、ご自身で、片手間に不動産運用をされている方もかなりお見受けします。たまたまうまくいっているる場合はよいのですが、ときにはやっかいな事態に陥る場合も多いのです。

私の知り合いのYさんは、そんな片手間不動産屋さんの一人で、かなり手広く不動産運用をやっているベテランですが、あるマンションの部屋を賃貸で運用していた際に、OL風の真面目そうな女性だったので、特に気にもせずに、賃貸契約を結んだところ、実は彼女は地元の暴力団の関係者で、その後その部屋によからぬ風情の男たちが複数出入りするようになって、大変な目にあいました。

また、不動産ファンドの運用物件で起こった出来事ですが、オフィスビルのテナントが、入居の際は信用調査にも問題がなかったのに、その後会社を反社会的勢力の団体に乗っ取られてしまい、気がついたら、その会社の役員全員がよからぬ人たちに入れ替わっていたという事件がありました。

プロを自任する人たちでさえ、なかなか気づきにくい運用リスクを、個人で片手間にやることにはあまりにも代償が大きいといえます。

日本ではこうした不動産の投資運用のアドバイザーが少ないのが現実ですが、この役割を代行してくれるのが町の不動産屋です。彼らは町の中で生き、町とともに成長しています。

あなたに良い不動産を買ってもらい、これを磨いて高い収益を生み出すお手伝いをすることが自分たちの繁栄にもつながるのです。

町の不動産屋を上手に利用しながら、失敗のない不動産投資、運用を実現したいものです。

本業を別に持とう

ところで、運用をプロに任せることの利点に、本業を別に持てるということがあります。私は特に個人の方には体が元気なうちは、なるべく不動産業とは違う本業を持つことをお勧めしています。

先ほども触れましたように、不動産を自分で管理、運用することは、なかなか複雑で面倒なものです。うまく運用できているとき、つまりヒマなときは成績も良いのですが、一度トラブルが生じたときなどには、まごついていると大きく収益を損《そこ》なうことにもなるのが不動産です。

また、不動産だけをやっていると、事業全体のポートフォリオとして、不動産に対するリスクに全面的に向かい合うことになってしまいます。できれば、不動産とはまったく関係のないことをやって、リスクに対する耐性をつけておくことです。

これは、個人ではなく、法人での実例ですが、アメリカにGEという会社があります。GEはゼネラル・エレクトリックという、アメリカ最大手の電機会社です。日本ではあまり知られていないのですが、アメリカの家庭の冷蔵庫などは多くがGEの製品ですし、航空機のエンジンなども製造しています。

このGEの知られざるもう一つの事業に、金融業があります。もともとはGEに数多く在籍している従業員の年金の運用先として始めた事業が大きく成長し、やがてこの資金の一部で国内外の不動産にも投資を行なうようになったのです。

彼らの運用資産は世界中で約9兆円とも言われていますが、実は本業と不動産金融での事業割合が現在ではほぼ半々になっているそうです。

2008年に発生したリーマンショックの影響はこの会社にも当然のように及び、GEも多くの資産の売却や整理を余儀なくされました。他の不動産金融会社が次々に苦境に陥っていく中、本業を怠らなかったGEは、いち早く本業を回復させ、全体の業績を大きく落とすには至らなかったのでした。

本業が厳しいときは不動産事業がこれを支え、不動産に大きな景気の波を被ったときは、その損失を本業で吸収するという素晴らしい事業モデルです。これが、好景気のときに、他社のように本業はやめてしまって、すべてを不動産事業に傾注していたなら、今回の痛手はもっと大きなものになったことでしょう。

この結果、ＧＥは他社よりも早く不動産事業を再開することができ、ライバルが不良債権の後始末に苦しむ中を、安くなった国内外の不動産を買収、運用するビジネスを有利に再スタートさせることができているのです。

このことは、個人による不動産投資、運用事業にもそのままあてはまると私は思っています。不動産とはなるべく無縁な、たとえば出版社とか、食品会社とか、そういった会社に勤めながら、副業として不動産を持ち、運用することで、お互いのリスクを吸収しあい、その結果、常に安定した収入を確保できるのではないかと思います。

個人でも事業リスクは分散させることです。不動産専業ではどんなに注意を払っていても究極的にはリスクから逃れられないのです。

よく、少し不動産で当てて、儲かってしまうと気が大きくなってしまい、

「サラリーマンなんてばかばかしくってやってられんわ、辞めても平気だもんね」

などと言って、勢いで会社を辞めてしまう人がいますが、これはやや軽率な行動であると

思います。

前にも述べましたように、給与という現ナマを毎月供給してくれているスポンサーを自らの意思で切ってしまうことほど愚かな話はありません。スポンサー契約の切れる定年まで、立派にお勤めを果たして、最後は退職金という最高にして最多の軍資金をもらってから契約を解消しましょう。

不動産専業となって、じっくり運用するのは老後の趣味にとっておくことです。

プロにお任せのREITでお手軽不動産投資

ここまで、お話しすると、実際の不動産投資や運用は、やはりなかなか難しそうだ、あるいは結局、けっこうお金が必要となりそうなので、自分の今のお財布の中身と相談すると、2件も3件も買うのは無理だな、と思われた方もいらっしゃると思います。

そんな方にも不動産投資に親しむ簡単な方法があります。不動産投資信託、略称でJ-REITと呼ばれる投資信託商品です。

REITとは、不特定多数の投資家から資金を集めてきてこれをプールし、その資金と金融機関からの借入金をあわせて、投資対象となる不動産に投資を行ない、運用を委託された専門家がこれらの不動産を運用し、そこから生まれる収入から所定の経費や手数料を差し引いて、差額を投資家に「配当」として分配するものです。

日本でＲＥＩＴがスタートしたのは２００１年９月のことですが、世界におけるＲＥＩＴの歴史は長く、１９６０年代にはすでにアメリカでこの制度が誕生しています。

このＲＥＩＴの最大の特徴は、不動産という現物を買う煩《わずら》わしさを一切省いてペーパー（証券）化し、この証券を通常の株式マーケットと同じように流通させることができるようにした仕組みであることです。

不動産投資に関心はあるが、現物の不動産を買って所有し、これを運用するのは面倒だという人や、まとまったお金がない人でも気軽に参加できるというのが特徴です。

以下にこのＲＥＩＴの特徴を簡単にまとめてみましょう。

①購入単価が小さくてすむ

ＲＥＩＴは少額のお金を、金融マーケットから幅広く集めて数多くの不動産に投資を行なうので、１口（株式でいう1株）あたりの投資額がきわめて小さいのが特徴です。上場銘柄によって異なりますが、１口数万円から購入できます。

②気軽にいつでも買える

株式と同じく、東京証券取引所に「投資法人」の名称で、多くの銘柄が上場されていますので、証券会社の窓口のほか、インターネットで毎日どこからでも購入することが可能です。

③換金が簡単

株式と同じく、上場投資法人であれば、好きなときにマーケットで換金ができます。現物の不動産を売却する場合には大変な手間ヒマがかかりますが、ＲＥＩＴは金融商品なので、換金性が高くなっています。

④投資や運用対象を自由に選択できる

東京証券取引所には約30数銘柄の投資法人が上場しており、一般企業の株式にあたる投資口が取引されています。各銘柄はオフィスに投資するもの、住宅や商業に投資するもの、これらを複合してさまざまな物件を投資対象とするものなど多彩です。

運用する資産規模も、数百億円のものから1兆円近いものまでさまざまです。この中から興味のあるものを自由に選択できる仕組みになっています。

⑤運用はすべてプロにおまかせ

ＲＥＩＴの各投資法人は、個別に資産運用会社と資産運用委託契約を締結しており、この運用会社を通じて、不動産の売買や運用を行なっています。したがって、このＲＥＩＴに投資した人は、そこから生まれた運用益や売却益を配当の形でもらうだけで、不動産の売却や運用に伴う面倒な手続きや作業が一切必要ありません。

⑥税金がかからない

ＲＥＩＴの最大の特徴ともいわれますが、この投資法人が計上した収益には、一定の条件を満たせば、配当となる原資に法人税が課税されない仕組みになっています。通常の株式会社では、課税所得に45％ほどの法人税が課税されますので、せっかく利益を出してもその半分近くに法人税が課税され、株主に還元される配当は、税金を引かれた残りの金額となってしまいます。ところが、ＲＥＩＴはここに税金が課されないので、そのままの金額が配当原資となります。簡単に言えば配当が通常の株式の倍相当になるのです。

ＲＥＩＴなら、不動産のことがあまりよくわからない人でも、資金が少額であっても気軽に不動産投資と運用に参加できるということで、創設の頃には大きな話題となりました。ただ、ＲＥＩＴはあくまでも金融商品であって、不動産投資そのものではありません。そのために他の金融商品同様に多くの規制があります。また、制度が創設されてから歴史が浅いこともあって、まだまだマーケットにおける認知度が低い中で、リーマンショックを発端とした金融危機の影響を直接に被った結果、一時は7、8兆円程度まで成長していた市場規模も急速に縮小し、金融機関がリファイナンス（借り換え）をしぶるなど、多くの問題が生じて、ＲＥＩＴ同士の合併や、運用会社の株主（いわゆるＲＥＩＴのスポンサー）の交代などの混乱が生じました。

運用の仕組みやスポンサー制度など、一般の方から見るとわかりにくい部分が多いのも障害となって、本来は個人投資家からの投資の呼び水として期待されていたＲＥＩＴですが、なかなか当初思い描いたように成長していないことも事実です。

しかし、中長期的な視点で見て、ＲＥＩＴは確実にその存在感を高めていくと思われます。なぜなら、このＲＥＩＴという仕組みは、今までであれば、なかなか不動産マーケットに参加できなかった法人や個人が、少額のお金でも自由に参加できる市場を作った、いわば

「不動産の民主化」の流れを決定的なものにした商品だからです。この流れの中、投資家の層は今後着実に広がっていくことと思われます。

不動産投資で大きなお金は扱いたくないし、不動産にまつわる面倒な手続き（登記手続き、税金や減価償却の計算など）や運用の煩わしさからも自由でいたい、けれども不動産にはけっこう興味はある、という人には、ＲＥＩＴは「ミニ大家業入門編」としてうってつけの商品であると思います。

「大家業」であるかぎり、地価の変動はほとんど関係がない

今まで見てきたとおり、大家業というものは、とても地道で堅実な仕事です。

どうしても不動産運用というと、マンション、アパート、オフィスといった建物ばかりに目がいって、そこで得られる収益に着目しがちなのですが、実はそれらの建物を支えている土地のもたらす価値に対する理解が一番重要なのです。

良い土地でさえあれば、活用についての応用方法はいくらでもあるということです。建物は何度も言うように、しょせん劣化していく存在です。ここにあまりこだわるよりも、とにかく良い立地を選ぶことが先決です。

また、一度選んだ土地については、その価値は永遠です。では大家業を目指す上で、「地価」という概念はどこまで必要なのでしょうか。

もちろん、最初に土地を購入するときの地価はとても大切です。しかし、それとても、土地は個々の土地によって千差万別、二つとして同じ土地は存在しません。その土地に100という価値を見出して購入した人にとって、その価値は永遠に100なのです。

隣りの土地は倍の金額を出してでも買え、というのはまさにこのことです。自分にとってそれだけの価値があると思えば、買えばよいのです。

このようにして、土地を買い、大家になって、マンション、アパートあるいはオフィスとしてその土地を活用している人にとって、その後の地価の変動は、何の意味も、影響も持ってはいないのです。

日本は不思議な国で、1年の間に土地の値段＝地価について4つの異なった指標が発表されます。公示地価、都道府県基準地価、路線価、固定資産税評価額です。

それぞれを、国土交通省、都道府県、国税庁、地方自治体（総務省）という異なる主体が評価して発表しています。

マスコミではその発表のたびごとに、地価が上がった、下がったと報じますので、地価が値上がりしている年は、すごい勢いで上がっているように映《うつ》り、逆に下がっているときは、それが年4回にわたって報じられますので、ものすごく下がっているような印象を一般国民に与えます。

それでも大家さんにとって、この公示地価やら基準地価の動きやらは、彼らの事業にはほとんど影響がありません。いちど買った土地をふたたび売却することを目論《もくろ》んでいるギャンブラーと違って、彼らの関心は買った土地のもっとも効率的で収益性の高い運用方法にあるからです。

サラリーマンにギャンブラーは似合わない

これまで見てきたように、大家さんや町の不動産屋は、世間一般の方が思っているような、派手な生活にも、「切った、張った」のギャンブルにも、無縁で地道な生活をしています。

彼らは不動産の本質をよく理解していて、けっして無理をしません。この場合の無理とは、短期間に楽をして、大きな収益を稼ごうとすることです。成果を早く出すために無理な借金を重ね、あるはずのない楽観的な計画を立て、あとは運を天にまかせる。これはまさにギャンブルの世界そのものです。

今回のミニバブルでも、ファンドという器《うつわ》を使って、なんとなく合理的で算術的に不動産を評価したように見せた方法や、ノンリコースローン（責任財産限定型ローン＝借り手は債権全額の返済責任を負わない）に代表される借入手法を駆使した買い方の仕組みも、結局は利益を早く実現するための方便にすぎないものでした。

これらの儲け方の根源は、最後に不動産を売却して手じまうことによって得られる利益を前提にしているものです。不動産で「大儲け」を企《たくら》んだ場合、どうしてもギャンブルの結果を早く見ないことには、ギャンブルにならないのです。

競馬でもパチンコでもカジノでも、ギャンブルはすぐに結果が出て、瞬間で儲からなければ、ギャンブラーは面白くないのです。

不動産でも、このファンドビジネスをやっている人たちと話すと、彼らは必ず「出口」と言って、ファンドを組成して、物件を買い、これを運用して、最後に売却してファンドを解散する、この売却部分＝出口をひじょうに重視していることがわかります。

つまり、出口まで来ないとファンドの利益は確定しないので、彼らはそこまでの道のりを急ぐのです。

これとは対照的に、大家さんは、短期の利益を主眼に行動してはいません。土地を重視し、土地の価値を最大限引き出す建物を建て、これを中長期にわたって運用し、そこから上がる収益で、日々穏やかな生活を送っている人たちです。

そして、ここに介在するのが町の不動産屋です。彼らも自らギャンブルをやることなく、大家さんの手足となって不動産のお世話をし、地域に溶け込み、たまに生じるイベントでがっちり儲けることで、町の片隅でしっかりと根を張って生きています。

サラリーマン大家さんを目指すには、こうした大家さん、町の不動産屋の不動産に対する考え方がとても参考になります。

繰り返しますが、不動産投資は株式や金投資などとは違う、ましてや競馬やパチンコなどともまったく異なり、じっくりと利益をとっていく、いわば「農耕型」の投資なのです。

この考え方は、サラリーマンの生き方とも相通ずるところがあります。サラリーマンは人生としては、ドラマティックではないかもしれませんが、堅実な生き方ともいえます。毎日を滞りなく仕事をこなしていくことで、毎月決められた給料をもらえるわけですから、とりたてて冒険をする必要もありません。会社内でも、人間関係を円滑にし、会社で行なわれるイベントには欠かさずに参加し、会社から与えられた課題や期待に着実に応えることが、サラリーマン人生を豊かなものにしてくれます。

大家業や町の不動産屋も、生き方としてはまったく同じです。

大家にとって、テナントはあなたに毎月着実に、賃料という名の給料を払いこんでくれます。このテナントはいわば会社のようなものです。会社であるテナントにしっかり仕え、機嫌をとり、いつまでも元気でいてくれるように奉仕するのです。その結果である賃料をありがたくいただくことが大家業です。

たまに不動産を売却することもありましょうが、ここで生じる売却益は、サラリーマンでいうところのボーナスのようなものです。ありがたくいただいて次の投資の原資にしましょう。

町の不動産屋は、地域という会社に根づき、地域内に存在する数多くの大家とのコミュニケーションを円滑にし、そこから毎月、管理報酬という名の給料をもらっているようなものです。毎月着実に給料をもらえるように地域内では良い人で振る舞い、大家に愛されることが、町の不動産屋の生活を豊かなものにしてくれます。

そしてたまに生じるイベント、相続や物件売買での仲介業務などへの関与が、彼らにとってのボーナスとなるのです。

こう考えると、サラリーマン的生き方というのは不動産投資に実に適《かな》った考え方であるともいえます。サラリーマンは無理をしないのです。サラリーマンにギャンブルは似合わないのです。

今こそが「大家さん」になる絶好のチャンス

新たにサラリーマン大家さんになるには、いつから始めるか、つまり、入口から入るタイミングが大切になります。

ギャンブラーが跳梁跋扈《ちょうりょうばっこ》する賭場《とば》に入ってはいけません。あっという間《ま》にあなたはギャンブラーたちの餌食《えじき》になってしまいます。

マーケットは時代によってその表情を刻々変化させていきます。そうした点からも、ミニバブルが終焉を迎え、多くのギャンブラーがマーケットからの退場を余儀なくされた今は、不動産投資を行なうには絶好のタイミングと言えるかもしれません。

ギャンブラーがいないマーケットでは、少なくとも将来に向けての甘い憶測も、リスクに対するいい加減な対応もありません。みんながじっくり不動産を眺め、良いものを納得のいく値段で買っていく環境にあります。

また、マーケットが下落しているときに出てくる不動産は、一般的には「売り急いでいる」物件が多いものです。ギャンブルに敗れた人たちが損切りするために意外と良い物件を放出してくるチャンスでもあります。

あわてて飛びつかなくても、ライバルが少ないときは価格の交渉もじっくり納得がいくまでやればよいのです。思った以上に良い物件が安く手に入るのもこのときです。仕込みの仕事はあわてずにゆっくりと。サラリーマンならできるはずです。

実際に物件を見定めるには、土地の価値を吟味し、中長期にわたってその土地が、あなたにどんな効用をもたらしてくれるかを見極め、建物の劣化の状況を確かめて、今後の収益を考えるようにしましょう。けっして、5年後に値上がりする（はずだ）とか確証のない夢を追いかけないことです。

そしてあなたの選択を助けるものとして、町の不動産屋を大いに利用しましょう。ちょっと入りにくくても、町を一番よく知っているのが彼らです。お茶でも飲むつもりで軒《のき》をくぐってみましょう。

必ずしも大手不動産会社の仲介業者である必要はありません。地元で歴史のある、町の不動産屋は、大手が知らない多くの情報をあなたに提供してくれます。5年後に土地が値上がりするかはわからなくても、5年後の町の姿がどのようになっているのかは、おそらく彼らの予測がもっとも現実的で正確なはずです。

素晴らしき大家業

さて大家業を行なうにあたっての心構えから、時間の使い方、勝ち組不動産の見極め方、運用にあたっての考え方などを整理してきましたが、本章の最後に、どんな大家業を展開するのが明日の幸せにつながるのか、大家さんの人生観についてお話ししましょう。

私はこれまで、不動産を扱う人間には2種類があると言ってきました。ギャンブラーと大家さんの2種類です。

ギャンブラーは「買って売る」のが商売、大家は「買って育てて果実を取る」のが商売です。大家業の人たちは、ギャンブラーとは見ている先が明らかに異なります。

ギャンブラーは古今東西、あまり「よく語られる」ことの少ない人たちでもあります。何を扱うにせよ、基本的には短期で「売り抜ける」のがギャンブラーであれば、素早い行動と、ときには威圧、欺瞞《ぎまん》、厚顔、あらゆる要素が絡み合う人間ドラマを演じていかなければならないからなのでしょうか。

日本でも平成バブルの頃には「地上げ屋」というと、社会の害悪のような扱いを受けていました。

しかし、彼らは彼らで土地に夢を抱き、この土地の持っている魔力に取りつかれてしまった人たちとも言えます。瞬時に巨額の富を築けるのが土地。この魔力に取りつかれ、人は狂いだすのです。

なぜこのように瞬時に富を築けると思うのでしょうか。それは土地がさまざまな顔を持っているからです。顔とは、可能性と言い換えることもできます。土地を扱う人、そこに建物を建てる人、巨万の富を注《つ》ぎ込もうとする人、多くの人の思惑が入り乱れて、土地はあらゆる可能性を持ったものとして人を誘惑します。

そこで思いどおりにいかなかった人は、土地に裏切られたと叫ぶのでしょうが、土地は誰のことも裏切ってはいません。急に姿を消したりもしないし、年老いたりもしません。いつも同じ場所に悠然と佇《たたず》んでいるのが土地です。

思惑が交錯し、そこに札束が飛び交うのがギャンブラーたちをひきつける「土地」なのです。

一方で大家業にとっての土地とは何でしょう。

人生に潤いを与えてくれる良きパートナー、これが大家業にとっての土地です。土地が存在しつづけるかぎり、土地は、所有者をけっして裏切ることなく、ずっと同じ場所に佇みながら永遠の利益を生み出してくれます。

大家業を営む人はかわいい土地の上に何を建てたら、その土地が自分に幸せを運んでくれるのかを考えながら、ゆったりと生活しています。土地は裏切らないのですから、活用を急ぐ必要はありません。急ぐ必要がなければ、空き地にして近所の少年が草野球をするのを眺めて楽しんでいても、それも土地の生み出す効用でしょう。

大家業とは裏切らない土地の上で安定した利益を、中長期にわたって得ることができる、実に素晴らしい仕事なのです。そして、マーケットだ、金利だ、減価償却だ、と大騒ぎしなくてもよい余裕のある範囲で、土地と戯《たわむ》れ、犬の散歩に5回も出かけるようになれれば、大家業としては十分な成功者と言えるのではないでしょうか。

この大家業の基盤を為《な》すのが、建物ではなく、土地であることは先ほども触れたとおりです。あなたに本当の効用を与えてくれるのは土地であって、建物ではありません。建物の美人度に幻惑されてはなりません。

常に安定した利益を生み出してくれる土地を見極めて、これを所有し、最大限の活用を考えることは、たしかに難しい側面はあります。しかし、私は、良い土地に巡り合ったときの感動は金や為替で儲けるのとは本質的に違う喜びのような気がしています。

本当に自分の手に渡って、生き生きとする土地の姿を想像しながら、建物のプランを練るのは楽しいものです。

昔、「バンカース」というボードゲームが流行ったことをご記憶の方もいらっしゃるでしょう。サイコロで駒《こま》を進めて、止まったマス目（実在の地名がついています）の土地を次々と「買い」、そこに家作を建て、次にそのマスで止まってしまったプレーヤーから家作料を取るという、子供が楽しむにしては、キワモノのゲームでしたが、大家業はあのゲームに似ています。

たくさん家作を作ると、とどまった人は多くの地代や家作料を払うハメになり、大家は儲かった資金で、また次の土地を押さえに行く。するとますます家作が増え、どんどんお金持ちになるという構図です。

逆に売る側に回ると厳しいことになります。「バンカース」では資金が不足してくると銀行に家作や土地を売却して当面の運転資金を賄うのですが、これも現実の社会とそっくりです。

他の物件に乗り換えるための売却だったら良いのですが、背伸びして無理な借金をして、よく考えもせずに将来に対する甘い妄想を根拠に買ってしまった土地は魔物に変身して、あなたを苦しめることになるのです。

繰り返し申し上げますが、不動産というものは土地で決まります。そしてその土地に息を吹きこみ、土地の持つ潜在的な力を十分に発揮させてあげるのが大家業の魅力です。そこには「右から左」で一獲千金を夢見るギャンブラーではけっして実現できない世界がありま す。みなさんもこの「素晴らしき大家業」をぜひ目指してみてください。

第5章

「土地は裏切らない」ということを、もう一度考えよう

土地は動かせるものではない

人類が生きていくのに欠かすことのできないもの、それが土地です。どんなに力持ちであっても、またどんなに巨大な権力を持とうとも、人は土地そのものを物理的に動かすことも、移動させることもできません。

人間が存在している根幹をなすものは、水であり、空気であり、大地である土地なのです。土地が存在することではじめて人間は生活を営《いとな》むことができ、そこから家が、町が、国が、世界が形成されています。

土地をめぐるさまざまな物語は、人類の歴史そのものかもしれません。太古の昔から人類は土地の上に住居をかまえ、作物を育て、土地の領有をめぐって争い、死んでふたたび土地に還《かえ》っていきました。

この神聖なる土地に、人は値段をつけて取引をするようになりました。土地は価値があるからこそ値段があるのであり、この土地が生み出す価値をめぐってお金が動き、争いが起こりました。土地は資本主義の象徴的な存在でもあります。

共産主義においてはこの土地の持つ価値をすべて国家のものとし、一般国民がこれを所有することを禁じました。国家が土地を保有することで、国民全員が共通の財産として土地から生まれる価値を共有化できると考えたのです。

このように現代にいたるまで、権力者や国家が土地を支配することを、己の力の象徴としてきました。それは、金《きん》やダイヤモンドのような財宝とは異なり、動かすことのできない権力の証《あかし》でもあったのです。

財宝は動かせるので、持ち逃げができます。相手から奪い取って持ち帰ることができます。しかし土地は動かせないので、実に厄介《やっかい》な存在です。土地を保有することの基本として、他人に奪われないようにするには、ずっとその場に居座って占拠しつづけて、領有権を主張しなければならないのです。その代わりに、土地がなくなることも絶対にありません。まさに、土地は絶対的な権力なのです。

動かすことができないという事実は、人間自らが土地に出向き、崇《あが》め、その土地の持つ価値を引き出すべく、何らかの行動を取らなければ、土地の生み出す価値を享受できないということです。

土地の持つ価値につけられた地価は、土地の持つ特性からいって、本来は一物一価《いちぶついっか》であるはずで、それぞれが独立して、動かすことのできない特別な存在である一つ一つの土地は、別個の価値を提供するという意味で、金やダイヤモンドのような財宝の価格のように一律では決められないものです。

ところが、これをもっとわかりやすいペーパーにして、流通できるようにしようとしたのが不動産の証券化です。本来動かすことのできない土地をペーパーにすることで、概念上、動かせるものにしてしまったのです。その結果、土地はどこにいても、ペーパーの上で手に入る存在となり、またそこに投資する人たちの（勝手な）思惑までが反映されて、取引が行なわれることにより、地価は本来の定義とは異なって、大幅な上下動を繰り返すようになりました。

しかし、いくらペーパーにしたからといって、土地の持つ本質までが変わったわけではありません。土地は相変わらず、誰の手によっても動かすことのできない存在であるからです。

土地は、なくならない

建物は劣化して最後にはなくなるが、土地はなくならない。私がこの本で繰り返し説いてきたことです。どんなに優れた工業製品でも製品には寿命があります。

土地は基本的に劣化しません。農地などで何年も繰り返し同じ作物を育てていると、だんだん作物が育たなくなるのでしばらく休ませる必要があると聞きますが、それは土地が劣化しているというよりも、土地の持つ価値の一部が実現できなくなっているだけなのです。数年もすると、地力が回復して同じ作物が収穫できるようになるというのは、土地が再生可能であり、永遠の存在であることの証左です。

たいていの物は、嫌になれば抹消することができます。気に入らなくなった道具、サイズが合わなくなった服、壊れた冷蔵庫、動かなくなった高級車も、嫌になれば捨てればよいですし、昔は気に入らない人や民族はこれを殺したり、遠くに追いやることができました。

ところが、土地はどんなに気に入らなくとも、抹消することはできません。本当に嫌なら、自分がその土地から出て行くことしかできません。土地の前に人間の存在などは無力なものです。

ですから土地を買うということは、永遠に動くことなく存在する唯一無二の物を所有することなのです。そして、土地を手放すということは、永遠に動くことなく存在する唯一無二の物を自由にできる権利を、自らが手放すことを意味します。ほかの物と違って、ポイッと捨てることはできないのです。自ら進んで、その土地から退出しなければならないとは、土地はなんて生意気で崇高な存在なのでしょう。

まるで、
「おまえは、もはやこの土地を持つ資格を失ったのだよ」
と告げられたも同然です。もちろん、売却する場合は、その土地がもう不要になったとか、売却して儲けようと思ったから手放す、といったそれぞれの事情もあるのでしょうが、動かぬ存在である土地の側から見れば、ここにいられないのならば人間が出て行けよ、という意味にもなるのです。

このように動かすことができず、しかもなくなることのない永遠の物に、値段がつけられて取引をされているのは、この世の中ではおそらく土地だけです。

永遠を、お金を出して買うことができるなんて、素敵なことです。土地のこの本質を理解している人は、一度手にした土地は絶対に売却などしません。そして、この永遠をもっと自分の手元にたくさん置くことが、自分や自分の一族の永遠なる繁栄につながることを、その人はあらかじめ知っているのです。

生保がたくさん土地を所有するわけ

動かせない、なくならない存在である土地は、人の命を超えて永遠に続いていくものです。この永遠という存在と、今後、とてつもなく長い期間ずっとおつきあいしていこうという発想が自らの事業内容とマッチするのでしょうか、生命保険会社は土地を購入することに昔から積極的であり、また土地持ち企業として常に国内ランキングの上位にその名を連《つら》ねています。

日本でも有数の土地持ちは、日本生命です。生命保険会社は定期的に顧客から掛け金が入ってくるために、常に流入してくる資金を預金、株式や債券、不動産などに投資しています。

生命保険会社といえば、安全に堅実にというのがモットーの会社が多いですが、その生命保険会社が多数の不動産を歴史的にもずっと投資、保有しつづけてきているのはなぜでしょうか。

おそらく生命保険会社の多くはこの土地の持っている本当の価値を知っているからなのだと思います。動かない、なくならないという永遠の価値を理解し、土地から引き出せる価値を未来永劫享受していくことが、中長期の期間にわたってお客様とつきあっていく生命保険という商品特性にマッチすることを、長い歴史を通じて、彼らは体得しているのです。

平成の初期にバブルが崩壊したときに、一部の生命保険会社は保有している不動産の多くを売却することとなりました。ところが、日本生命などの堅実な生命保険会社では、ほとんど物件を売却することをしませんでした。

売却せざるをえなくなった会社の多くは、バブルのときに思い切って大量の不動産を仕込んだ会社でした。これらの会社は、彼らの従来の不動産の買い方とは異なり、不動産マーケットの急激な上昇期に、不動産の短期的な値上がりだけに目がくらんでしまったのです。知らず知らずのうちにギャンブルに手を染めてしまった結果です。

一方で日本生命のような会社は、短期間での過大な投資は行なわず、不動産に対しても、毎年少しずつ、分散して投資を行なうことで、保有資産の価格を平準化しており、保有資産全体で常に安定した利回りを上げられるような運用を目指していたので、バブル崩壊の影響は比較的軽微だったと言われています。

永遠である不動産を毎年少しずつ買い集めていき、長期の保有を前提にして物件の売却は極力行なわない会社こそが、この土地の持つ効用を最大限に享受して、どんな時代にも生き残ることができるのです。

そうした意味では、不動産業界の大手である、三井不動産や三菱地所についてもまったく同じことが言えます。彼らが、買った土地をすぐに売却して目先の利益を追い求めるギャンブルばかりをやってきていたなら、この２つの会社はとっくにこの世の中から姿を消していたのではないかと思います。

平成バブルの崩壊のとき、この２つの業界の雄《ゆう》も大幅な減収減益に陥りました。しかし、毎月日銭の入る大家業をやっている両社は、こうした危機にあっても生き延びることができました。彼らはギャンブルで多少の損を出しても、大家業での収益でこの失敗を穴埋めできる経営構造になっていたからです。

そして、どちらの会社も基本的には自社所有の物件は極力売却しない方針を、以前から貫いています。彼らもまた、土地は長く持つことで大きな果実が得られるという、土地の持つ本当の価値にずっと昔から気づいているのです。

土地を軽く見る人たち

このような土地の持つ本当の価値を理解し、実践している会社や人がいる一方で、土地を害悪、あるいは目の敵《かたき》にしている人たちがいます。

もともと、土地は古今東西、支配者の持つ財産の象徴として取り上げられることが多く、プロレタリアートからはもっとも忌《い》み嫌われる存在でした。

現在でも、たくさんの土地を持つ人たちは、支配者の象徴のように思われる傾向がありま す。大地主というと、文学でもテレビドラマや映画でも、貧乏人から金をまきあげて、何の苦労もなく富を得る悪者の役をあてがわれていることが多いように思います。

平成初期のバブル時代、世の中は好景気に沸き、不動産価格が高騰し、一般庶民にはもうマイホームも手に入らない、ということが新聞や雑誌でも盛んに喧伝されました。

当時は、本書でいうギャンブラーが宴《うたげ》を繰り広げていた時代でした。買って売るだけで巨万の富を稼げる時代にあって、度胸と根性だけで世の中を渡る、無節操なギャンブラーたちが幸福を摑んだかにも見えました。

そんな光景を見て、新聞雑誌は、値上がりを続ける土地を目の敵にしました。政府の地価高騰に対する無策を非難し、土地の存在こそが、世の中を悪くするかのような、ヒステリックな論調を展開させました。

ここで登場したのが、「地価は下げなければならない」という、信じがたいほどに観念的な意見でした。そして、どうやったら地価を下げられるか、という議論が連日、真面目に繰り返されました。

世間では、もはやマイホームさえ買えなくなった地価の高騰に怒り、度胸と根性でその土地を買い漁る会社や人々に対する怨嗟《えんさ》の声が湧きあがり、それを放置する政府に対しての批判の声が充満しました。その姿はさながら、支配者階級に牛耳《ぎゅうじ》られていた帝政ロシア時代の革命を叫ぶプロレタリアートの声のようでした。

しかし、少し冷静になって考えてみれば、この状況は、しょせんはギャンブラーたちの宴にすぎないバブルでした。土地だって、マイホームだって、値段が高ければ買わなければいい。資本主義の世の中で、買う、買わないという選択肢は消費者の側にあるはずです。

もちろん、家族内では、子供が成長し、部屋数が増えたりして今の家が狭くなって、新しい家に移りたいのに値段が高すぎて住めない、という事情もあるでしょう。でもそんなときは、やはり我慢するしかないのです。

資本主義の世の中では、需要と供給の不一致が長期にわたって続くことはきわめて稀《まれ》なことです。多くの人が住宅を買えない、高すぎて借りられないという事態に陥れば、やがて住宅は高値では売れなくなり、高値では貸せなくなるのが資本主義の原則です。

ところが、世の中のマスコミや一部の学者たちのエキセントリックな声に押されたのか、当時の政府や日銀はあわてて、徹底的な地価対策を講じました。具体的には、国土計画法による一定規模以上の土地取引における価格の届出制度の制定、金利の大幅な引き上げ、地価税を新設して、一定規模以上の土地を保有するだけで固定資産税とは別の新たな税金をかけることまで行なって、土地を持つことに対して徹底した規制をかけました。

さらにこれらの施策にとどめを刺すかたちで、金融機関に対して不動産関連融資の実施をほぼ全面的に規制する指導を行なうに至りました。

このような人為的でかつ意図的な施策は、結局ギャンブラーが、マーケットからの退場を迫られるだけでは終わりませんでした。やがて土地を基盤として成り立っていた経済の信用構造を根底から崩し、一般企業の多くを信用危機、倒産に追い込み、これらの企業に資金を貸し付けていた金融機関には不良債権が山積みされ、経営の屋台骨をも揺るがす事態へと発展しました。

当時、「土地神話の打破」だとか「地価は絶対下げられる」といった論調の背景にあったものは、土地の持つ本質を理解したものではありませんでした。「土地は害悪の象徴」といった、土地を軽く見て、侮蔑しようとする人たちの思い込みが中心でした。

そんな一部の声の大きな人たちの主張に引きずられて、土地の本質を無視した犯人探しと徹底的な規制の網かけを実行してしまった当時の政府の施策の数々は、世の中に大きな歪《ゆが》みと混乱をもたらします。その結果はギャンブラーのみならず、一般の市民をも巻き込む深刻な経済混乱を招くこととなったのです。

地価をどのように考えるか

この地価に対する世の中の論調の多くで気になるのが、「地価は高すぎる」といったことをすぐに声高《こわだか》に主張する人が多いことです。

地価が高すぎると思うのであれば、「適正な地価」とは何でしょうか。地価は高すぎるといった主張をする人に問うても、論理的で納得できる答えを今まで聞いたことはありません。

私も仕事柄、多くの不動産関連の仕事に従事する方、あるいは不動産に投資を行なっている投資家の方やマスコミ、研究者の方などとお話をする機会がありますが、

「最近の日本の地価はどうですか。まだまだ高すぎるのではないですか」

といった質問をよく受けます。

この質問に対して、私は相手が投資を行なう人であれば、こう言います。

「高いと思いますか。ではまだ買わないことです」

また、相手がマスコミの方や研究者の方であれば、

「ほう、では地価はいくらであれば適正なのですか」

と逆に質問するようにしています。

私は、誰もこの問いに答えられないのは、そもそも適正な地価などという指標が、世の中に存在しないからなのだと思っています。

先ほども申し上げたとおり、土地は2つとして同じものが存在しません。工業製品の多くが、形も機能も標準化され、製品の寿命もほぼ一緒であること、原材料については、その多くが同じ効能をもたらすことで標準化されているのに比べて、土地はそれぞれが異なった姿形のものであり、これを所有、運用する人によって土地がもたらす効用が異なります。

つまり、地価が高すぎるのか（安すぎるという人に私はいまだかつて出会ったことがありませんが）どうかは、その土地の持つ価値をどこまで利用するのか、いつまでその価値を享受しつづけるのかで、その評価はまったく異なるのではないかと思います。

ファンドを組成して、運用し、3年後には売却をしたいと思う人は、なるべく安く買いたいて、3年後の出口では、物件の売却益もあわせて投資効果を最大にしたいでしょう。

生命保険会社のように、10年、20年の期間で長期に運用をしたい人は、購入価格もさることながら、そこから毎年期待できる賃料収入と資産としてのインフレヘッジの実現に着眼して物件の価格を算定するでしょう。地方の中小企業の社長さんにとって、渋谷の一等地にビルを持つことは今後の会社の宣伝としては不可欠なものであり、その広告効果を考えれば、とにかくまず、二度と出ないその物件を手に入れることが会社の将来の発展のための第一歩と考えているのかもしれません。

「適正な地価」は、その土地の持っているどんな価値に着眼するかといった、用途や期間、ステータスなどさまざまな観点から土地を評価できるがゆえに、一般の工業製品のように標準化することが難しいのです。したがって、適正な地価というものは、その土地に興味を抱き、その土地の持っているどの価値を引き出すことに関心があり、その価値に対してどの程度の値段をつけるかによって、大きく異なってくるのです。

そこに、外部の人が、その土地の持つ神秘的な価値、特定の人が欲している価値を顧《かえり》みることなく、適正な価格とか、あるべき価格を持ち出すことは、きわめて観念的なものとならざるをえないのだと思います。地価に対して抱く個人個人の異なる想《おも》いが、勝手な基準を作り出していて、その勝手な基準をもとに地価が高すぎる、などというコメントをするのです。

もう少し冷静に、地価が語る背景を理解したいものです。

土地の存在を無視した定期借地権

平成バブルの崩壊後、地価の高騰とその崩壊に懲《こ》りた政府は、「土地は所有から利用へ」のスローガンを掲《かか》げ、不動産業界などもこれにならって、土地の有効活用が叫ばれるようになりました。

土地はただ寝かせておくだけでは価値がなく、活用することで収益化していこう、これが都市開発にもつながるということで、政府はさらに容積率（敷地面積に対して建てられる建物面積の割合）の緩和などの規制緩和策を次々にうちたてました。

一方で、土地の呪縛から解放されようということで、定期借地権という新しい法律が制定され、土地を取得せずに一定の期間を定めて借りることで活用していこう、という道筋も示されました。

私は、不動産に関わる行政の全体の方向性として、土地の有効活用の促進や定期借地権の制定などは、基本的に賛成です。土地の持つ価値を引き出す手法がそれだけ多くなるからです。土地を持っている人にその土地を十分に活用してそれぞれの価値を引き出してもらえれば、その効用を多くの人たちが享受でき、世の中のためになるからです。

ただ、このことを理解せずに揶揄《やゆ》する人がいることも事実です。土地活用を促進するために規制緩和をやろうとすると、必ず「バブルの再来を招く」と論じる人がいますが、土地の持つ価値を引き出すことの効用と、ギャンブルをやって短期間で儲けようとする人たちが引き起こすバブルなるものとを完全に取り違えています。

定期借地権を利用することは、土地代がかからず、建物にだけ投資を行なって事業ができるということを意味します。初期にかかる投資を抑制でき、また遊休地を売却せずに活用できるという意味からも、大変有効な方法だと思いますが、この定期借地権を評して、

「土地なんていらない。建物さえあればよいのだから、土地の所有にこだわることはない」

「これからは土地は活用するだけで所有する必要はない」

などと断言する人がいますが、これもやや的外《まとはず》れな意見だと思います。

正確には、

「土地を持たずに商売をしたい人にはとてもいい制度だが、土地を持たないかぎりここでの商売は期間限定であることが前提だ」

と論じるのが妥当だと思います。

商売にはいろいろな種類があります。短期間で儲けて、あとは逃げるだけ。その地域に根づいた商売なんかには興味がなく、渡り鳥のように転々として稼げれば良いという人には、

定期借地権の活用は誠に都合のよい制度と言えます。

しかし、一方で、建物はどんどん劣化することから、定期借地権では堅牢《けんろう》な建物は採算的に考えても建てられませんし、最初の商売がうまくいかなかったからといって、また別の用途に建て替えるには期限があることから、鞍替えするのが難しかったりもします。

また、「最後は建物を取り壊して更地《さらち》にしておしまい」という契約ですから、後には何も残りません。商売がだめだったらすべてが終わりです。うまくいっても、そこでちゃんとしたコアな顧客を築き、長期にわたって愛される商売を続けることも不可能です。

つまり、土地を土台として、そこからまた新たに商売を発展させていくという展望がまったく望めないのが、この定期借地権を使った事業です。

定期借地権を使った事業の普及ということが、土地がいらない、ということにはつながらない話であるのに、土地の本質を理解しないことからくるこうした議論が、土地に対する世間の見方を誤った偏向的なものにしているような気がします。

地価が下がれば幸福になるわけではない

土地を目の敵にする人の多くが主張するのが、土地は安ければ安いほどよい、というものです。彼らの主張によれば、土地の利用を促すためには地価はもっと下がらなければならない、ということになります。本当でしょうか。

まず、なぜ「ねばならない」なのでしょうか。土地の議論を始めるときに必ずごっちゃになるのが、土地に対してなんらかの統制を加えなければならないと考える人の多くが、知らず知らずのうちに社会主義的な発想になっているという点です。

日頃は自由主義、資本主義を謳《うた》っている人が、こと土地の話になると国家による統制が必要だと言い始めます。これは何も日本に限った話ではなく、どの国でも土地の施策をめぐって必ず生じるのが、この統制に対する議論です。

しかし、どの国でもこの土地の統制がうまく機能したという事例を聞きません。そもそも、土地の物理的な量は有限です。無尽蔵に作ることが可能である工業製品ではありません。

有限である土地に対して、その価値を欲するニーズが存在することで土地の値段が形成されます。地価が、私が言うようにその土地の持っている潜在的な部分を含めて、その所有者や利用者に提供される価値の表象であるならば、その値段を規制することは、そもそも個人の自由を侵《おか》すことにつながると思われます。規制する側はその土地のどの部分の価値を購入者や利用者が求めているのか、すべてを知ることは不可能だからです。

仮に、人為的に地価を引き下げたならば、そこでたまたま、その土地を取得する人は、不当に有利な条件で手に入れたことになります。いっそのこと、すべての土地を国家のものとしている中国の政策のほうが、よほどシンプルです。しかし、その中国でさえ、不動産投資の過熱を抑えるために頭を悩ませています。中国でもギャンブラーがギャンブルに負けて退場するまで、この狂奔が続くことでしょう。

土地の取引を規制し、地価を適正化するといっても、適正価格がわからないのに、統制が成功するはずもないのです。

また、土地の価格はある意味で、その国や地域が持っている活力の表象です。短期間に一本調子で地価が上昇することは、短期的にはいろいろなひずみが生じて、社会の混乱をもたらすこともあるでしょうが、中長期的視野にたてば、地価の上昇は国家の成長指標として重要なものです。成長する国や地域であるからこそ人が集まり、さまざまな生産活動が行なわれ、土地の持つ価値に対するニーズが集中し、その結果として、地価が上昇するのです。

地価が下がるべきだという人の主張には、この点の考察が都合よく省かれてしまっています。土地に対するニーズが減少するということは、産業構造が変化して、土地を多く使用しないで成り立つ産業が発達すれば、多少は実現するのかもしれません。しかし最終的には人間自体の存在が必要でなくならないかぎり、人は土地の上に生き、生産活動を行なうために土地は必要なのです。

地価について、ときたま妄を行なうギャンブラーの動きばかりに目を剝《む》いて、やっきになって規制をかけたり、人為的に調整したりしないことです。金融機関もそろそろ不動産融資にあたって、何を指標に融資しなければならないか、２回のバブルの後始末で学んだはずです。もはやふたたび、ギャンブラーにお金を貸し与えて、バブルを作り出す演出をすることはないと思われます。

２００６年から２００８年にミニバブルと言われる現象が発生したときに、マスコミは「バブル再燃」と囃《はや》したて、これが社会的格差を助長し、世の中を不穏にするかのように論じました。このときの地価は、ここ20年間のバブル崩壊後の時間の中で、わずかに値を戻しただけの現象だったのに、です。

こうした全体から見れば、ほんのわずかな価格の上昇までを捕まえて、バブル再燃などと囃したててしまうのを見ると、あたかも土地の値段が上昇することがすなわちバブルなのだ、と言っているようにしか聞こえません。

日本では、地価は上昇してはいけないのでしょうか。私にはそれは日本はもう成長してはいけないどころか、どんどん衰退していかなければいけないのだと言われているようにも聞こえます。

不動産は、量的拡大から質的充実へ

では、日本の土地はこれからどうなるのでしょうか。地価は実態として、全体の数値はバブル崩壊後ほぼ一貫して下がり続けています。これは日本の土地に対するニーズの減少を表わすものなのでしょうか。

答えはそのとおりでもあり、日本の土地に対するニーズの構造が変化してしまった結果とも言えるでしょう。

日本が高度成長を迎えた頃、国内では住宅が不足し、住宅を建設できるところを求めて、土地は郊外へ、その量的拡大をひたすら追い求めてきました。

現在、日本の人口は横ばいから減少に転じ、今後上昇する見込みは、大量の移民を外国から迎えでもしないかぎり、まったくありません。

こうした状況の中でも、地価は上昇したりするのでしょうか。

　私は、今後、日本で全国の地価が一斉に上昇するような時代はおそらく来ないのではないかと思っています。住宅について言えば、人口が増え、彼らを支える住宅を大量に供給する必要がなくなっているため、郊外に多くの土地を求めるニーズはすでに存在していません。ストックとしての住宅もほぼ全世帯にいきわたりつつあり、今後新築住宅に対するニーズは急速にしぼむことも予想されます。

　オフィスについても生産年齢人口の減少に伴い、産業構造の変化によるオフィスワーカーの量は大幅な減少はないかもしれませんが、量的なニーズはほぼ満たしつつあると言えます。

　これからの日本の土地事情は、量的充足が果たされた住宅、社会インフラとして整備が進んだオフィスが今後も大量に供給されるような形の発展ではなく、それぞれの質的な充実が図られていくのではないかと考えています。

　つまり、より快適な都市環境の整備です。土地の持つ価値が、町全体、エリア全体、人々に快適で安全な都市機能を提供することで評価される時代がくるものと思っています。

　それは、かつて行なわれたような、新しい首都を建設する、新幹線を持ってきて駅を作る、箱物行政として揶揄《やゆ》されたような豪華絢爛《けんらん》だが、誰も利用しないような公共施設を新たに作るといったような行為ではありません。生き生きと人が暮らし、働き、遊び、寛ぐ安全で快適な機能を持った複合的な快適さを追求した町になるということです。

今後の不動産開発も、新たな土地を開発して住宅や工業団地を造成するなどといったブルドーザー的な開発ではなく、すでに存在する町の機能を合理化し、合体し、今まで現出していなかった新たな土地の潜在的な価値を蘇らせるような開発が主体となると思われます。

そのためにふさわしい土地は、多くの人々や会社を引きつけ、地価もそれに応じた価格を形成していくことでしょう。

土地はこれからも有限で、永遠のものです。この本質を知り、正しくつきあえるならば、土地はあなたに大きな価値を提供してくれるはずです。この永遠に続く土地とのおつきあいを大切にしてみませんか。

あとがき

先日、東京・日本橋のとある喫茶店でお茶を飲んでいると、反対側の席から大声でなにやら尋常でない様子で怒鳴りあう一団の男たちの声が飛び込んできました。

不動産屋です。売買の契約内容でもめているようです。リーマンショック以来、不動産の市況は芳《かんば》しくないためか、買い手と思われるちょっとドスのきいた親父《おやじ》さんは、さまざまな因縁をつけて価格を下げさせようとしています。

売るほうも必死です。

「それじゃ、銀行がうんと言いませんよ。無理ですよ。こっちだって大損してるんですから勘弁してくださいよ」

本書でとりあげたギャンブラーたちの舞台です。これから買おうとしている親父さんは、思い切り安値で買いたたいて、きっと半年後くらいで売り抜けができると考えているのでしょう。あらゆる脅しをかけて、売り手のヤンキー風の若手社員を締めあげます。

こんな会話を背中に聞きながら、私はあらためて不動産屋が世間に与えているイメージに苦笑せざるをえませんでした。

本当は、多くの不動産屋は、地道に賢く、町中にしっかり根を張って生活しているのに、世間でとりあげられるのがギャンブラーの人たちの大声だけということが情けないのです。また本当は不動産が好きな日本人なのに、こうした風潮に惑《まど》わされて、不動産の持つ本当の価値を見失いかけているのではないかと危惧《きぐ》しています。

最近の地価の長期にわたる下落は、必然の部分と演出の部分があるように思えます。混沌とした土地をめぐる評価の違いは、混迷を極《きわ》める今の日本国の状態にも重なって見えてきます。

これからの人口の減少、経済の長期低迷の中で、日本の土地はどのように評価されていくのでしょうか。

本書でも述べましたように、私は土地の価値は永遠であると思っています。時代による評価の違いが生じても、「この世に人がいて生活が営まれていくかぎり」、土地の持つ本当の価値は不変なのだろうと考えます。土地はなくならないのですから。

読者のみなさまに本書の内容が少しでもお役にたち、また不動産に対する関心が地価だけでない、本質の理解につながることの一助となりましたら本望です。

最後となりましたが、私に著述の機会を与えていただいた大下雅司さん、本書の企画にあたって、多くのアドバイスをいただいた、私の三井不動産時代からの同僚であり友人の高野英康君、今でも親しくおつきあいいただいている多くの町の不動産屋のみなさま、そして何もわからないヨチヨチ歩きの私を常に励まし続けてくれた土井洸介さんに感謝します。

切りとり線

★読者のみなさまにお願い

この本をお読みになって、どんな感想をお持ちでしょうか。祥伝社のホームページから書評をお送りいただけたら、ありがたく存じます。今後の企画の参考にさせていただきます。また、次ページの原稿用紙を切り取り、左記まで郵送していただいても結構です。

お寄せいただいた書評は、ご了解のうえ新聞・雑誌などを通じて紹介させていただくこともあります。採用の場合は、特製図書カードを差しあげます。

なお、ご記入いただいたお名前、ご住所、ご連絡先等は、書評紹介の事前了解、謝礼のお届け以外の目的で利用することはありません。また、それらの情報を6カ月を超えて保管することもありません。

〒101―8701（お手紙は郵便番号だけで届きます）
祥伝社新書編集部
電話03（3265）2310
祥伝社ホームページ　http://www.shodensha.co.jp/bookreview/

★本書の購買動機（新聞名か雑誌名、あるいは○をつけてください）

＿＿＿＿新聞の広告を見て	＿＿＿＿誌の広告を見て	＿＿＿＿新聞の書評を見て	＿＿＿＿誌の書評を見て	書店で見かけて	知人のすすめで

★１００字書評……なぜ、町の不動産屋はつぶれないのか

名前

住所

年齢

職業

牧野知弘　まきの・ともひろ

1959年アメリカ生まれ。東京大学経済学部卒業。第一勧銀、ボストンコンサルティンググループを経て、三井不動産でビルディング事業本部にてオフィスビルの買収、開発、運用、証券化業務に従事。2006年J-REIT（不動産投資信託）である日本コマーシャル投資法人を上場。現在、オフィス・牧野代表取締役。オラガHSC株式会社代表取締役。オフィス、ホテルオーナーに対するアドバイザリーや経済情勢、不動産市場に関する論説、講演活動を展開している。

なぜ、町《まち》の不動産屋《ふどうさんや》はつぶれないのか

牧野《まきの》知弘《ともひろ》

2011年2月10日　初版第1刷発行
2011年2月25日　　第2刷発行

発行者……………竹内和芳
発行所……………祥伝社《しょうでんしゃ》
〒101-8701　東京都千代田区神田神保町3-6-5
電話　03(3265)2081(販売部)
電話　03(3265)2310(編集部)
電話　03(3265)3622(業務部)
ホームページ　http://www.shodensha.co.jp/

装丁者……………盛川和洋
印刷所……………萩原印刷
製本所……………ナショナル製本

Printed in Japan　ISBN978-4-396-11228-8　C0233